Ausbildungswege der klassischen Reitlehre

Band 2

Bianca Rieskamp

ISBN: 3956250026
ISBN-13: 978-3956250026

Ausbildungswege der klassischen Reitlehre

Band 2

Fotos

Nina Heimes, Michaela Henkel, Janina Kubitza ,Kerstin Lücke, Sandra Niewerth-Ollesch, Reiner Preuß, Bianca Rieskamp, Alma Schwabl, Kathrin Witte

Inhalt

Ausbildungswege der klassischen Reitlehre

Bianca Rieskamp

Band 2

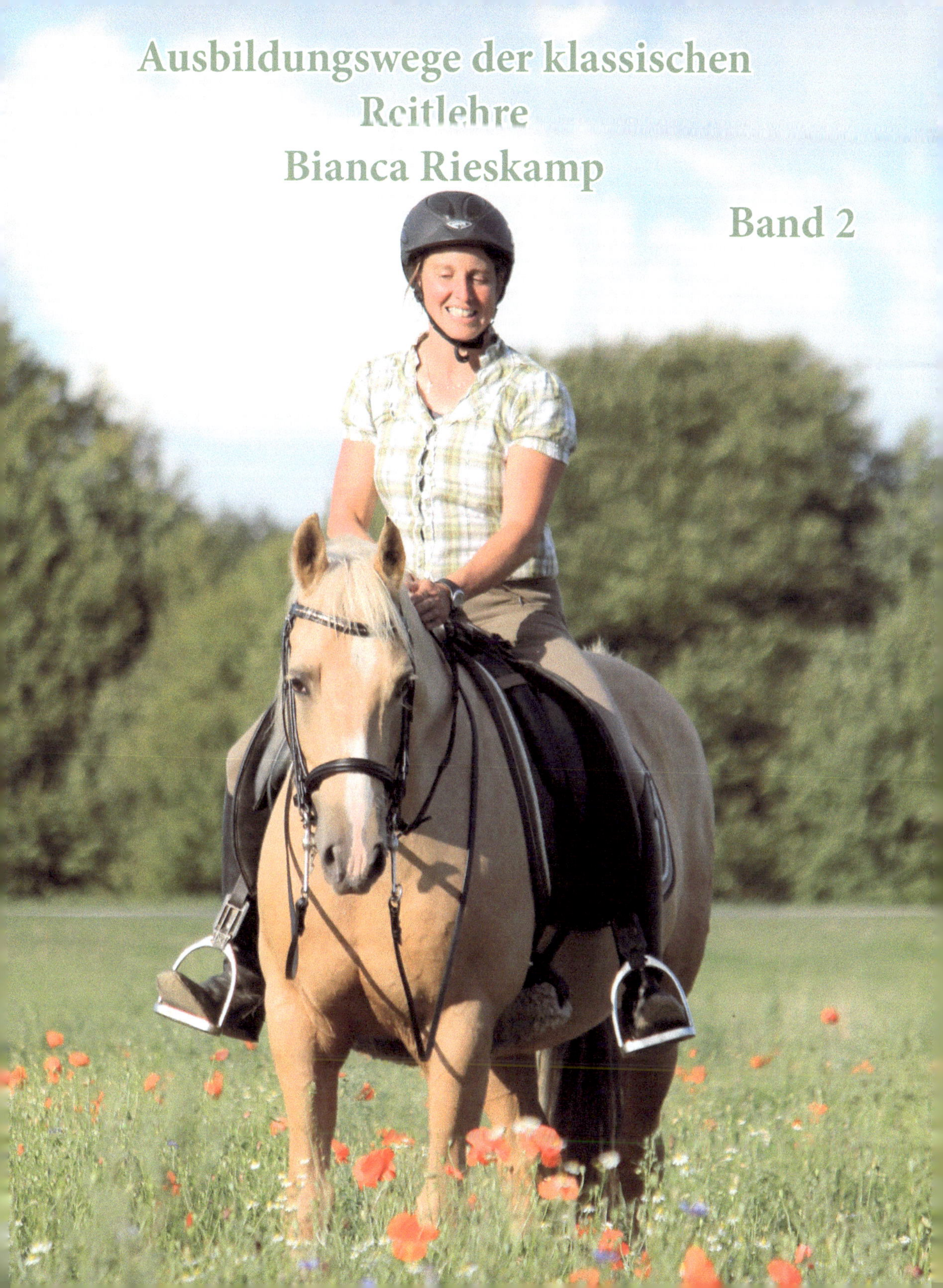

Vorwort

Dieses Buch beschreibt die Ausbildung verschiedener Pferde. Diese Pferde befinden sich alle auf einem unterschiedlichen Ausbildungsstand. Auch die Ausbildungsziele sind unterschiedlich. Während bei einem Pferd der Schwerpunkt eindeutig auf der Dressurausbildung liegt, so geht es bei den anderen Pferden um eine vielseitige Grundausbildung in der Dressur und im Gelände.

Alle in diesem Buch vorgestellten Pferde sollten jedoch möglichst genau nach den Prinzipien der klassischen Reitlehre gemäß der Reitvorschrift von 1912 ausgebildet werden. Dabei wird aber ebenso Wert auf eine artgerechte Haltung gelegt. Ich bin ein überzeugter Verfechter der Reitvorschrift, da sie sich in der Ausbildung vor allem nach der Natur des Pferdes richtet. Jedes Pferd wurde außerdem möglichst individuell behandelt und jedem Pferd sollte soviel Zeit gelassen werden, wie es braucht.

Auch wenn ich unter dem Ton meines zweiten Reitlehrers, einem alten Kavalleristen, genauso gelitten habe wie viele Reitschüler damals und froh bin, dass diese Zeiten vorbei sind, so konnte ich dem Unterricht doch auch Gutes abgewinnen. Denn die strenge Disziplin, die damals in der Reithalle herrschte, führte dazu, dass kein Reiter sich traute, ungerecht sein Pferd zu strafen oder gar seine Launen an ihm auszulassen. Auch ein Ziehen am Zügel oder eine unruhige Hand wurde nicht geduldet. „“Reiten heißt Selbstzucht üben und Achtung vor der Kreatur haben.“ Dieser Satz hängt noch heute in vielen Reithallen. Er ist alt, er ist sogar uralt. Aber er hat heute mehr Gültigkeit denn je. Früher waren es vor allem die Kavallerieschulen des Militärs, die dafür sorgten, dass dieser Satz auch in die Tat umgesetzt wurde. Sie füllten den Begriff des Reitsports mit geradezu abschreckender Wirkung durch Disziplin und Strenge.“ (Lars Gehrmann, Pferde Heute, 1984)

Ein weiterer Grundsatz, der sich bei den exemplarischen Beschreibungen der Pferde wie ein roter Faden durch das Buch zieht, ist die Geduld und Arbeit, die ein Ausbilder bei der Ausbildung jeden Pferdes braucht, welches er klassisch ausbildet.

Gerade in der heutigen Zeit wird oft versucht, die Ausbildung abzukürzen. Dies führt dazu, dass es immer weniger korrekt gehende Pferde gibt. Daraus ergibt sich, dass immer weniger Reiter wissen, wie ein klassisch ausgebildetes Pferd überhaupt gehen soll. Feste Grundsätze, wie zum Beispiel dass das Genick in der Aufrichtung immer der höchste Punkt ist, werden nur noch selten beachtet.

Dieses Buch zeigt deswegen auch Fotos von den Momenten, wo ein Pferd nicht korrekt geht. Dadurch erhält der Leser die Gelegenheit, seinen Blick durch Vergleiche zu schulen, er lernt zu erkennen, wie ein klassisch gerittenes Pferd aussieht und welche Fehler entstehen, wenn man die Grundsätze der klassischen Reitlehre gemäß der H. Dv. 12 nicht beachtet. Dss Buch richtet sich fachlich nach der klassischen Reitausbildung, es ist aber auch aus einem subjektiven Blickwinkel geschrieben. Das hat seinen guten Grund. Jedes Pferd, welches wir ausbilden, mit dem wir uns beschäftigen, sollten wir auch lieb haben. Denn nur wenn ich diesem Pferd eine große Zuneigung entgegen bringe, werde ich die nötige Ruhe und Selbstdisziplin für die klassische, nicht überfordernde Ausbildung aufbringen und auch bei Schwierigkeiten den Fehler bei mir selbst suchen. Das heißt nicht, dass wir uns zur Ausbildung nur charakterlich problemlose und vom Exterieur her fehlerfreie Pferde suchen sollten. Wichtig ist nur, dass uns das jeweilige Pferd sehr sympathisch ist und wir den Wunsch haben, mit diesem Pferd mit Achtung und Würde umzugehen.

Friesenwallach Elrond: Verbessern des Angaloppierens auf der rechten Hand

Elrond kam zu seiner jetzigen Besitzerin, als er 18 Jahre alt war. Er war bis dahin freizeitmäßig vor allem im Gelände geritten worden. Im Umgang war er lieb und unproblematisch. Beim Reiten war er ebenfalls brav, aber durch fehlende Gymnastizierung etwas steif in der Längsbiegung. Das einzige wirkliche Problem war, dass Elrond keinen Rechtsgalopp ging. Beim jahrelangen Reiten vor allem im Gelände hatte wohl niemand zuvor darauf geachtet, in welchem Galopp er ging und er durfte sich den Galopp frei wählen. Deshalb wählte er immer den für ihn bequemeren und einfacheren Linksgalopp.

Seine neue Besitzerin ritt mit ihrem anderen Pferd schon Seitengänge und war ratlos, weil ihr das vermeintlich einfache im richtigen Galopp angaloppieren mit diesem Pferd nicht gelang. Nachdem ich Elrond einige Male selbst geritten hatte, ohne ihn zu galoppieren, versuchte ich ebenfalls, ihn richtig anzugaloppieren. Es gelang mir ebenfalls nur auf der linken Hand korrekt, das Problem schien also nicht beim Reiter zu liegen.

Anfangs versuchten wir einmal, Elrond den Rechtsgalopp zu erleichtern, in dem wir aus dem Trab über einer Stange auf dem Zirkel angaloppierten. Dies gelang ein- bis zweimal, woraufhin wir die Stunde beendeten. Beim nächsten Mal ahnte er schon, was über der Stange passieren sollte und verspannte sich. Die Reiterhilfen kamen deswegen nicht durch und Elrond fiel in den Außengalopp. Als er nach mehreren Versuchen hektisch wurde, brachen wir den Versuch des Angaloppierens ab. Ähnlich verlief es, als wir es aus einer Volte heraus versuchten. Wir hofften, dass die Längsbiegung Elrond helfen würde, richtig anzugaloppieren. Nach drei Versuchen gelang es. Wie aber auch nach dem Angaloppieren über der Stange schaffte Elrond nur ungefähr drei Galoppsprünge, bevor er trotz energisch vortreibender Hilfen in Trab fiel. Wir beendeten die Stunde mit diesem positiven Ergebnis.

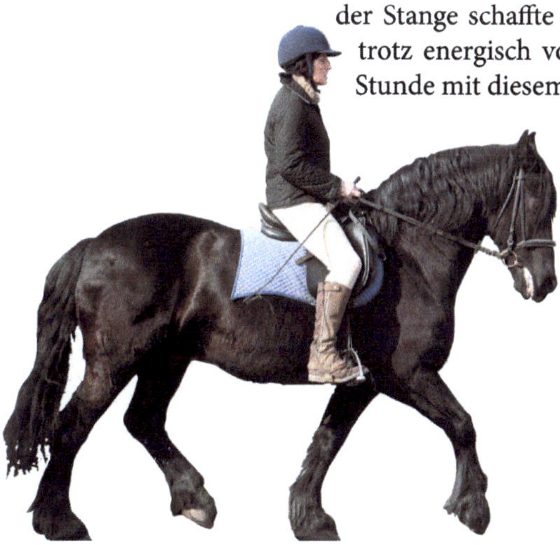

Nur wenn die Grundlagen wie Takt, Losgelassenheit, Anlehnung und der Sitz des Reiters wie auf dem Foto gefestigt sind, kann in der Pferdeausbildung einen Schritt weiter gegangen werden

In der nächsten Stunde passierte Ähnliches wie beim Angaloppieren über der Stange. Schon in der Rechtsvolte verspannte Elrond sich in Erwartung des ihm unangenehmen Galopps. Wir ritten natürlich auch immer wieder Rechtsvolten, ohne zu versuchen, ihn anzugaloppieren, damit er losgelassen blieb. Trotzdem verspannte er sich jedes Mal bei der Galopphilfe, sodass die Hilfen nicht mehr durchkamen und er deswegen nicht angaloppierte.

In der Volte wurde deutlich, dass nicht nur die vortreibenden Hilfen in diesem Moment der Galopphilfe nicht mehr durchkamen, sondern auch die einseitige Hilfengebung nicht. Denn Elrond wurde bei der Galopphilfe nicht nur langsamer im Trab, sondern er drängelte auch gegen den rechten Schenkel in die Bahn hinein.

An diesem Beispiel lässt sich erkennen, dass es in der klassischen Reitlehre unverzichtbar ist, die Pferde korrekt zu gymnastizieren und damit die Ursachen der Probleme zu beseitigen und nicht nur an den Symptomen zu arbeiten. Hätten wir dies nicht getan, sondern durch Tricks wie die Volte weiterhin das Angaloppieren gefordert, so wäre Folgendes geschehen: Elrond hätte wahrscheinlich auch das richtige Angaloppieren auf der rechten Hand gelernt, aber er hätte sich weiterhin dabei verspannt. Das Angaloppieren wäre auch nicht mit feiner, zeichenartiger Hilfe möglich gewesen und er wäre im Rechtsgalopp weiterhin in die Bahn gedrängelt und wäre nicht ausreichend durchgesprungen. Den Reiter hätte er dabei nicht auf dem inneren Gesäßknochen sitzen lassen, sondern hätte ihn nach außen gesetzt und nicht losgelassen sitzen lassen. Hat man sich also für die klassische Reitlehre entschieden, so gibt es dafür keine Tricks und keine Abkürzungen.

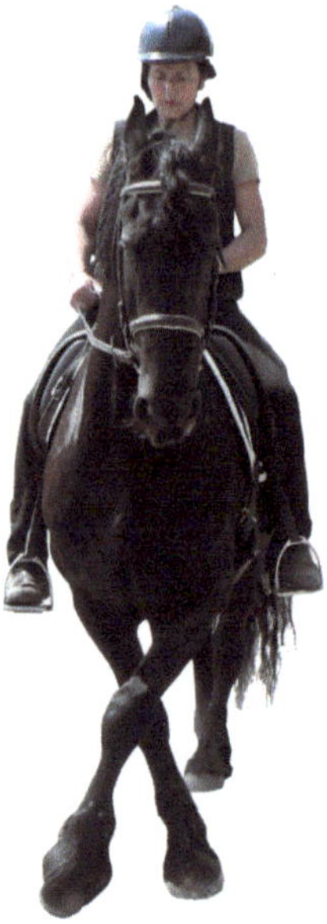

Um den Schenkelgehorsam zu verbessern, wurde am Anfang der Ausbildung öfter das Schenkelweichen geübt, bis dieses mit immer feineren Hilfen zu reiten war

In den nächsten Monaten mussten wir also weiter Vorarbeit für den Rechtsgalopp in Form von Grundlagenarbeit leisten. Es galt, den Gehorsam auf die vortreibenden Hilfen und den Gehorsam auf die einseitigen Hilfen zu verbessern. Auch das äußerst verhaltene Galoppieren, wenn er richtig angaloppierte, zeigte, dass Elrond nicht genügend Kraft und Gleichgewicht für den Galopp besaß. Es galt also, auch diese beiden Dinge zu verbessern. Besonders hilfreich für den Schenkelgehorsam, die Biegsamkeit und Durchlässigkeit und die beginnende Tragkraft der Hinterbeine ist das Reiten von Schultervor und in Stellung. Doch will man dies korrekt reiten, so benötigt man eine schwungvolle Versammlung. Um diese erreichen zu können, mussten wir erst einmal die vier ersten Punkte der Skala der Ausbildung verbessern und festigen.

Wir ließen den Galopp in den nächsten Monaten erst einmal komplett außen vor und bildeten Elrond erst einmal in Ruhe im Trab unter seiner Besitzerin aus. Dies gelang ohne nennenswerte Probleme. Nachdem wir die Losgelassenheit verbessert hatten und Elrond mit Anlehnung in der Tiefe trabte, begannen wir, den Arbeitstrab in Aufrichtung zu entwickeln. Friesentypisch mussten wir darauf achten, dass Elrond sich nicht zu stark aufrichtete und dann den Unterhals etwas anspannte und den Rücken wegdrückte. Zu Beginn der Trainingseinheiten lief er immer mit wenig Längsbiegung durch die Ecken, er benötigte einige Minuten, um sich korrekt biegen zu können. Er neigte aber nicht dazu, sich hinter dem Zügel zu verkriechen.

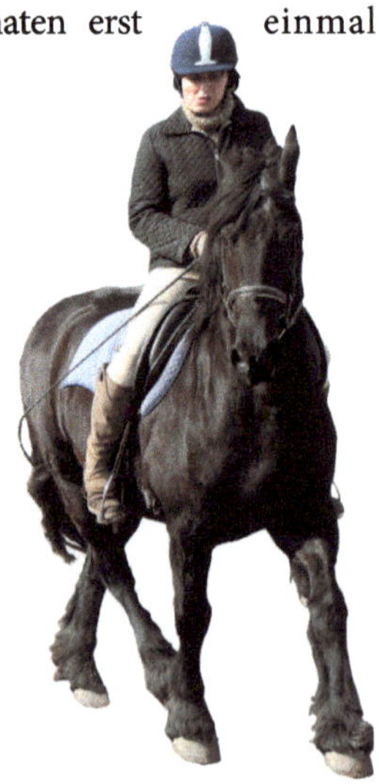

Zur Vorbereitung des Galopps wurde die Längsbiegung durch möglichst exaktes Reiten gebogener Linien verbessert

Um Schwung zu entwickeln, brauchte Elrond recht lange. Dies ist aber normal, da gerade die Schwungentwicklung auch etwas mit Kraftentwicklung hat und deswegen einfach seine Zeit braucht. Außerdem stand er im alten Friesentyp, war also recht kräftig vom Typ her und musste diese Masse beim schwungvollen Vorwärtsgehen, ruhig, aber energisch vorwärts bewegen, was für schwere Pferden oftmals schwieriger ist.

Der Vorteil bei Elrond war, dass er in der Phase der Entwicklung der Schubkraft aufgrund seines ruhigen Gemütes nicht dazu neigte, wegzueilen und dadurch Takt und Zwanglosigkeit zu verlieren. Bei hoch im Blut stehenden und jungen Pferden kann dies nämlich recht schnell passieren, sodass man dann wieder vermehrt an den ersten drei Punkten der Skala der Ausbildung arbeiten müsste. Allerdings musste ich aufpassen, dass ich die Phasen der Schwungentwicklung nicht zu lange ausdehnte, denn Elrond konnte im Verlauf der Stunde kraftmäßig sehr schnell abbauen. Wir arbeiteten ihn deswegen auch immer nur eine halbe Stunde mit Schrittpausen mit hingegebenem Zügel. Außerdem wurde er vom Tierarzt untersucht, wo sich herausstellte, dass er verwurmt war. Nachdem er entsprechend behandelt wurde, wurde er direkt noch etwas munterer.

Die Schwungentwicklung gestaltete sich auch als langwierig, weil der Reitplatzboden recht tief war und das Gehen darin kostete Elrond zusätzlich Kraft. Ich musste folglich immer darauf achten, die Stunde gezielt aufzubauen. Es ging also auch darum, sinnvoll zu lösen, sodass Elrond dort nicht unnötig Kraft verbrauchte. Nach dem Lösen arbeitete ich in der Arbeitsphase am Schwung, später auch an der Versammlung. Dehnte ich diese Phasen zu lange aus, so verlor Elrond an Schwung, wurde triebig und neigte in der Versammlung dazu, sich zu verhalten, also nicht mehr vor den Reiterhilfen zu sein und Schwebetritte zu machen. Auch war seine Leistungsfähigkeit noch stark tagesformabhängig.

Nach ungefähr eineinhalb Jahren stabilisierte sich die Leistungsfähigkeit. Elrond hatte eine bessere Kondition und zeigte konstanter gute Leistungen in der Reitstunde. Die Arbeit mit Elrond machte immer viel Spaß, da er ein sehr freundliches Pferd war. Sein großer Kopf mit den ruhigen Augen strahlt Gutmütigkeit aus. Nie vergaß er beim Reiten und auch danach, seine Leckerlis von mir und seiner Reiterin einzufordern, die er natürlich auch immer bekam. Im Gelände war er eine Lebensversicherung. Und auch auf dem Platz fühlte man sich immer wohl auf ihm, weil man das Gefühl hatte, dass er auf seinen Reiter aufpasste. Das heißt aber nicht, dass er nicht aufmerksam war. Ein Teil des Reitplatzes ist durch eine baumhohe Hecke von der Weide abgetrennt und an dieser Hecke ging er gerade bei Wind sehr misstrauisch vorbei. Aber nur selten machte er dort auch mal einen Satz zur Seite.

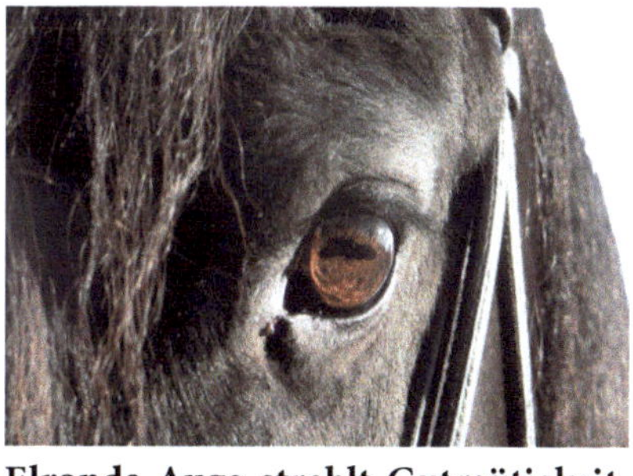

Elronds Auge strahlt Gutmütigkeit und Verlässlichkeit aus. Trotzdem strahlt er friesentypisch viel Adel aus

Besonders angenehm für den Reiter ist Elronds Trab. Er bringt von Natur aus Schwung mit, aber einen sehr angenehmen, der den Reiter in die Bewegung mitnimmt und ein gutes Bewegungsgefühl vermittelt. Seine Galoppade ist recht ausdrucksvoll, aber dadurch, dass er nicht ausbalanciert war, konnte man dieses anfangs nur erahnen und er ließ dadurch im Galopp schlecht sitzen. Der Galopp auf der linken Hand gelang immer willig, aber eine Spur zu eilig und deswegen auch etwas flach. In den abgerundeten Ecken verlor Elrond auch im Linksgalopp das Gleichgewicht, drängelte etwas nach innen und wurde eiliger. Dies wies wie auch die Auffälligkeiten in der Trabarbeit darauf hin, dass es Sinn machen würde, erst die Trabarbeit zu verbessern, bevor wir den Galopp in die Arbeit mit aufnahmen.

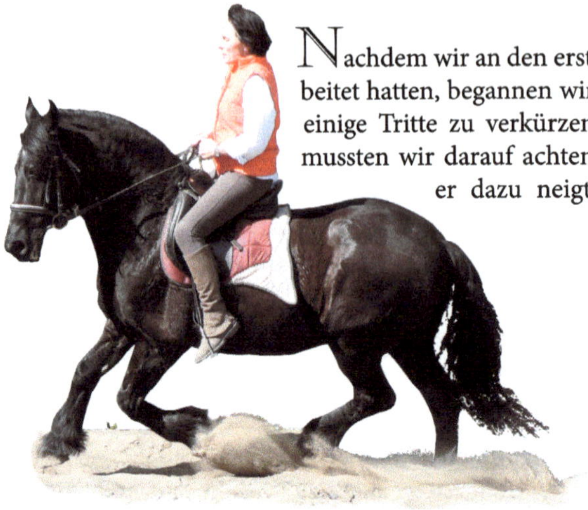

Nachdem wir an den ersten fünf Punkten der Ausbildungsskala gearbeitet hatten, begannen wir, das Tempo im Trab immer mal wieder für einige Tritte zu verkürzen. Beim allmählichen Verkürzen der Tritte mussten wir darauf achten, dass Elrond nicht schwunglos wurde. Da er dazu neigte, in Schwebetritte zu verfallen, die sich vermeintlich besonders schwungvoll anfühlten, war hier besondere Vorsicht angesagt. Elrond neigte dazu, von sich aus mehr Last aufzunehmen, als er tragen konnte und verspannte sich dann. Wenn dies geschah, war er nicht mehr vor den Hilfen des Reiters. Dies erkannte ich daran, dass er dann trotz vortreibender Hilfen und deutlich nachgebender Zügel nicht wieder vermehrt vorwärtsging, wenn wir die Versammlung auflösen wollten und daraus Arbeitstrab reiten beziehungsweise zulegen wollten.

Im Linksgalopp sprang Elrond immer richtig an, galoppierte aber eilig und flach, drückte den Rücken weg und den Unterhals durch. Elrond drängelte dabei gerade in den Wendungen nach innen und legte sich auf den Zügel. Dies führte dazu, dass seine Reiterin mit hochgezogenem Absatz versuchte, ihn nach außen zu treiben und so nicht mehr losgelassen saß. Es kam also nicht vor allem darauf an, dass Elrond galoppierte, sondern dass er dabei den Takt, die Losgelassenheit und die Selbsthaltung nicht verlor. Die Reiterin sollte aus Sicherheitsgründen eine Reitkappe tragen

Andererseits kamen die Hilfen zum Versammeln auch nicht ausreichend durch.

Dabei verlangte ich anfangs natürlich keine Versammlung an einem bestimmten Punkt, sondern entwickelte diese allmählich. Elrond neigte trotzdem dazu, sich den dazu nötigenden verwahrenden Hilfen zu entziehen, in dem er den Unterhals durchdrückte und gegen die Reiterhand ging. Dies alles waren Anzeichen, dass ihm immer noch etwas Kraft fehlte und dass ich auch noch weiter an der Durchlässigkeit arbeiten musste. Immer wieder versammelte ich ihn nur andeutungsweise für wenige Tritte, um dann sofort wieder zuzulegen.

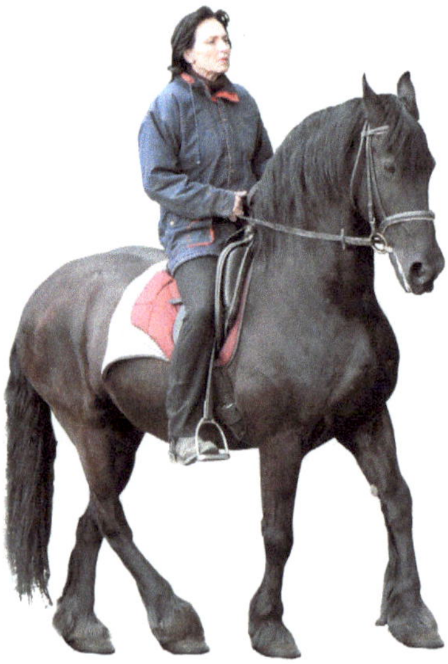

Versammelter Trab mit guter Bergauftendenz bei feiner Hilfengebung und ruhig sitzendem Reiter. Die Reiterin sollte aus Sicherheitsgründen eine Reitkappe tragen

Erst als der verkürzte Trab fleißig blieb, übte ich das Reiten von Schultervor und danach das Reiten in Stellung. Zu diesem Zeitpunkt ritt ich Elrond selbst auch ab und zu, meistens ritt aber seine Besitzerin bei mir im Unterricht. Als die Grundlagenarbeit als Vorbereitung für den Galopp gefestigt war und die Arbeit am Rechtsgalopp damit immer näher rückte, begann ich Elrond eine Zeit lang, einmal wöchentlich selbst zu reiten, anstatt seine Besitzerin auf ihm zu unterrichten.

Da ein Pferd im Galopp tendenziell in Stellung gehen muss, damit es Last aufnimmt und ausbalanciert galoppieren kann, wollte ich dieses zunächst erst im Trab erarbeiten (H.Dv. 12 von 1926, S. 74, 1932). Was das korrekte Fußen der Hinterfüße in den beiden Übungen betrifft, tat Elrond sich relativ leicht. Von vorne gesehen fußte im Schultervor das innere Hinterbein Richtung Mitte der Spuren der Vorderhufe, während es beim Reiten in Stellung das äußere Hinterbein war.

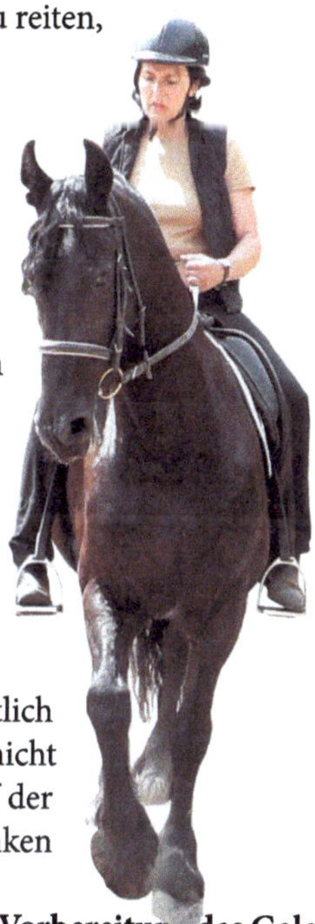

Allerdings neigte Elrond dazu, diese Übung trotzdem nicht korrekt auszuführen. Denn mal zeigte er keine korrekte Biegung in der Ganasche, mal stellte er den Hals zu stark ab oder er ließ den Reiter nicht innen sitzen. Ich übte also in den nächsten Monaten diese Feinheiten, bis das Schultervor und das Reiten in Stellung abrufbar für einige Tritte korrekt gelangen. Interessant war, dass beide Übungen auf der rechten Hand von Anfang an deutlich besser gelangen als auf der linken Hand, obwohl er ja auf der rechten Hand nicht richtig angaloppierte. Die Längsbiegung war in diesen beiden Übungen auf der rechten Hand deutlich gleichmäßiger und leichter zu erreichen als auf der linken Hand, wo Elrond besonders in der Ganasche anfangs wenig biegsam war. Allerdings musste ich auf der rechten Hand darauf achten, dass er sich dabei nicht verhielt, sondern weiter auf den vortreibenden rechten Schenkel reagierte. Dies war besonders wichtig, da sonst der vortreibende innere Schenkel für den Rechtsgalopp auch nicht durchkommen würde. Um diesen Gehorsam auf den vortreibenden rechten Schenkel in der Längsbiegung zu verbessern, ritt ich, wie die Reitvorschrift es empfiehlt, immer mal für einige Tritte Mitteltrab im Schultervor. (Vgl. H.Dv. 12 von 1926, S. 73, 1932)

Zur Vorbereitung des Galopps wurde immer wieder das Reiten in Stellung entwickelt. Dabei wurde vor allem darauf geachtet, dass Elrond losgelassen und vor den Reiterhilfen blieb

Nach dem Einüben des Schultervors und des Reitens in Stellung nahm ich zusätzlich das traversartige Zirkelverkleinern und schulterhereinartige Vergrößern mit in die Arbeit auf. Dadurch wollte ich erreichen, dass ich mehr Einfluss auf die Hinterhand bekam. Elronds Tragkraft sollte dadurch ebenfalls verbessert werden. Durch die verbesserte Tragkraft würde es ihm eher möglich sein, im Gleichgewicht und bergauf zu galoppieren. Das Reiten in Biegung (also Schultervor) und in Stellung verbesserte die Durchlässigkeit und das Geraderichten, sodass ich dadurch im Galopp mit meinen Hilfen besser durchkommen würde und Elrond so besser darin unterstützen könnte, im Galopp im Gleichgewicht zu bleiben.

Nachdem ich vor allem den Gehorsam auf die vortreibenden Hilfen und die Längsbiegung verbessert hatte, arbeitete ich auch daran, dass die verwahrenden Hilfen noch besser angenommen wurden. Dazu übte ich unter anderem immer wieder kurz das Rückwärtsrichten. Am Beginn der Ausbildung hatte ich dieses einmal angetestet. Elrond ging nur mit starker Zügeleinwirkung rückwärts und nicht, wie es richtig ist, vor allem über die vortreibenden Hilfen. Er wurde dabei kurz im Hals und drückte den Unterhals durch. Die Lastaufnahme und Hankenbiegung, die beim Rückwärtsrichten verlangt werden, fielen ihm noch zu schwer.

Deswegen stellte ich diese Übung erst einmal ein und begann sie nach einigen Monaten wieder. Dabei verlangte ich anfangs nur einen Schritt rückwärts. Mir war der Takt dabei anfangs nicht so wichtig, sondern vor allem, dass Elrond bei nur leichter Zügelhilfe willig rückwärts trat. Dies gelang nur bei guter Vorbereitung, nämlich, wenn er ausbalanciert auf allen vier Beinen stand und die Hinterhand nicht herausstellte. Auch musste ich allmählich mit der Hilfe beginnen, damit er Zeit hatte zu verstehen, was ich von ihm wollte und ich ihn nicht mit meinen Hilfen überfiel. Nie richtete ich ihn mehr als drei Schritte rückwärts, da sonst die Übung kontraproduktiv war, weil Elrond dann zu viel Last aufnahm und sich verhielt. Er war dann nur mit größter Mühe wieder vorwärts zu reiten, trotz deutlich nachgebender Zügel. Auch musste ich beachten, dass der Reitplatz ein Gefälle hatte. Ich hielt so an, dass er beim Rückwärtsrichten bergab ging und nicht bergauf. Bergauf ist für das Pferd noch anstrengender und es besteht die Gefahr, dass das Pferd mit sehr hoher Kruppe und nicht untertretender Hinterhand rückwärts tritt. Ging Elrond willig rückwärts, so gab ich danach oft als Belohnung die Zügel hin, ebenso, wenn er beim Halten mit den Hinterbeinen gut unter dem Schwerpunkt stand.

Nach einiger Zeit der Übung während der nächsten Monate wurde das Rückwärtsrichten immer besser und nun trat Elrond immer häufiger auch korrekt mit diagonaler Fußfolge rückwärts. Es war aber weiterhin schwer für ihn, dabei die Kruppe korrekt zu senken. Da er vom Exterieur tendenziell ein Hohlkreuz hatte, so neigte er deswegen dazu, den Rücken im Rückwärtsrichten wegzudrücken und mit hoher Kruppe rückwärts zu treten. Da er mittlerweile auch fast zwanzig Jahre alt war, kann es auch sein, dass arthrotische Veränderungen ein Biegen der Hanken erschwerten, ebenso wie die weiter unten erwähnten Probleme mit dem Knie. Ich sah das Rückwärtsrichten deshalb weniger als eine Übung zur Verbesserung der Versammlung an, sondern als eine Übung zur Verbesserung der Annahme der verwahrenden Hilfen. Ich ritt es deswegen nicht so häufig und verlangte nicht mehr als drei Tritte rückwärts. Die Arbeit in der Vorwärtsbewegung war also immer vorherrschend und wichtiger.

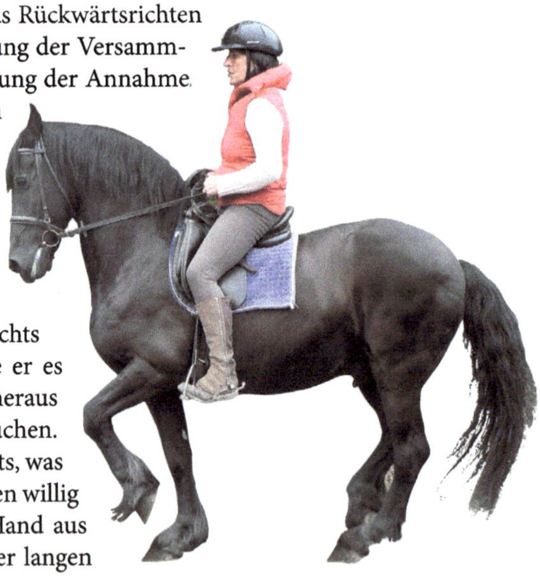

Auch die Versammlungsfähigkeit wurde dauerhaft verbessert, um mehr Kraft und Durchlässigkeit für den Galopp zu erhalten. Dies ergab nach jahrelanger Arbeit die ersten vorsichtigen Piaffetritte.

Als Elrond nach einigen Monaten keinerlei Anspannung mehr in der Längsbiegung rechts zeigte und sich auch nicht mehr verhielt, wie er es bei den ersten Galoppversuchen aus der Volte heraus getan hatte, wollte ich das Angaloppieren versuchen. Elrond ging an diesem Tag schwungvoll vorwärts, was wichtig war, damit er meine vortreibenden Hilfen willig annahm. Ich galoppierte ihn auf der linken Hand aus dem Reiten in Stellung kurz nach der Mitte der langen Seite auf der ganzen Bahn für einige Galoppsprünge an. Elrond blieb gut im Gleichgewicht und sprang schön bergauf durch. Um ihn nicht zu überfordern und zu riskieren, dass der Galoppsprung schlechter wurde, parierte ich an der kurzen Seite wieder durch. Die Ecke hatte ich abgerundet.

Nach einem Loben und einer Pause im Schritt mit hingegebenem Zügel wechselte ich die Hand und bereitete das Reiten in Stellung im versammelten Trab auf der rechten Hand vor. Als ich merkte, dass Elrond losgelassen blieb, gab ich ebenfalls an der langen Seite die Galopphilfe. Elrond reagierte leicht verzögert, sprang aber willig und richtig an. Er drängte dabei noch leicht in die Bahn hinein und verhielt sich. Ich trieb ihn deswegen vorwärts, um den Galopp zu erhalten und dabei gleichzeitig auf den ersten Hufschlag. Natürlich lobte ich ihn sofort mit der Stimme. Nach wenigen Galoppsprüngen parierte ich über den Trab zum Schritt durch und gab die Zügel als Belohnung ganz hin, parierte dann zum Halten durch und saß ab und beendete die Stunde. Elrond sollte den Rechtsgalopp dadurch mit Entspannung verbinden und nicht wie bisher als etwas Aufregendes empfinden.

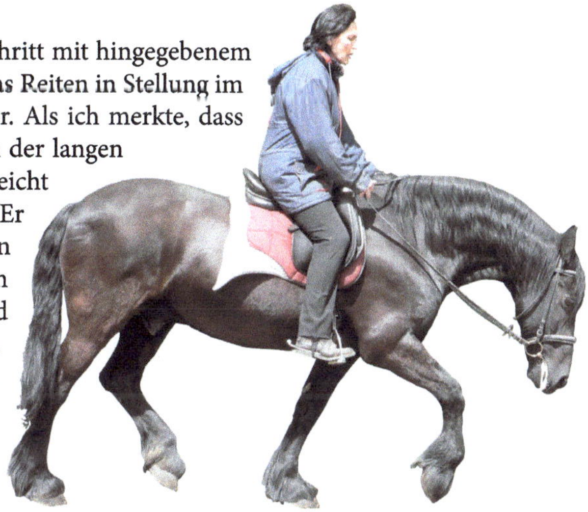

Immer wieder wurde die Losgelassenheit durch das Zügel-aus-der-Hand-kauen-lassen überprüft und erhalten. Die Reiterin sollte aus Sicherheitsgründen eine Reitkappe tragen

So ähnlich wie oben beschrieben ging ich auch in den weiteren Stunden vor. Immer wieder achtete ich darauf, auch auf der rechten Hand immer mal wieder in Stellung zu reiten, ohne immer daraus anzugaloppieren. Sonst hätte Elrond sich schon beim Reiten in Stellung in Zukunft immer verspannt und meine Hilfen wären nicht mehr durchgekommen. Besonders wichtig war es auch, die Hilfen im richtigen Moment zu geben und das Pferd ausreichend vorzubereiten. Ich muss als Reiter das richtige Gefühl für den Takt und den richtigen Moment des Treibens entwickeln. Habe ich ein gefestigtes Bewegungsgefühl, so kann ich in der Regel schon im Trab vorhersagen, ob der Galopp korrekt gelingen wird.

Bei einem Pferd wie Elrond, bei dem der falsche Galopp auf der rechten Hand aber schon über Jahre gefestigt war, ist dies besonders schwer. Denn als Reiter muss ich sehr flexibel sein, einerseits fühlen, wann ich die Hilfe geben muss, aber auch fühlen, wann der Versuch des Angaloppierens keinen Sinn macht. Im nächsten Moment kann dies aber schon wieder ganz anders sein, sodass ich flexibel reagieren können muss.

Besonders schwer ist dies, weil solche Pferde wie Elrond im falschen Galopp oft recht ausbalanciert und geschickt sind und es so nicht immer sofort für jeden Reiter zu erfühlen ist, ob es der richtige oder der falsche Galopp ist. Wären solche Pferde im falschen Galopp nicht schon so geübt und wäre er ihnen deswegen eher unangenehm, so könnte man dieses dazu nutzen, das falsche angaloppieren leichter zu korrigieren.

Nachdem ich einige Stunden mit Elrond den Rechtsgalopp erfolgreich geübt hatte, ritt ihn nun wieder seine Besitzerin selbst. Auch bei ihr gelang das Angaloppieren rechts jetzt meistens sicher. Dabei galoppierten wir weiterhin nur wenige Galoppsprünge im Rechtsgalopp, bis Elrond allmählich mehr Kraft bekam. Nachdem der Rechtsgalopp auf der ganzen Bahn sicher ausbalanciert war, so übten wir diesen jetzt auch auf dem Zirkel für einige Galoppsprünge. Manchmal verhielt Elrond sich noch, nachdem wir einige Galoppsprünge auf dem Zirkel galoppiert waren. Dann ritten wir ihn im Arbeitstrab vorwärts, bis er wieder losgelassen trabte.

Elronds Besitzerin übte den Rechtsgalopp in den darauf folgenden Monaten nur bei mir in der wöchentlichen Reitstunde und ließ den Rechtsgalopp weg, wenn sie alleine ritt. Des Weiteren verfeinerten wir in den nächsten Monaten die Trabarbeit, insbesondere das Zirkelverkleinern und vergrößern bis zu den Seitengängen. Außerdem begannen wir nach einem weiteren Jahr vorsichtig, die Tritte bis zu den halben Tritten zu verkürzen, aber nur an Tagen, wo Elrond genug Kraft und Motivation mitbrachte. Dies alles machte Elrond immer durchlässiger und gymnastizierte ihn dermaßen, dass er heute auch aus dem Schritt im Rechtsgalopp angaloppiert. Natürlich gab es auch immer wieder Rückschritte, aber nie in der Form, dass der Rechtsgalopp gar nicht möglich war, sondern nur, dass Elrond die ersten ein oder zwei Male falsch angaloppierte. Dies lag dann aber häufig am Reiter, der sich zu sicher war und Elrond vor dem Angaloppieren nicht genug vorbereitete oder die Hilfe nicht ganz korrekt gab. So ein Problem in der Pferdeausbildung kann also durchaus etwas Positives haben, nämlich, dass es den Reiter dazu erzieht, vermehrt an seinem Sitz, seiner Einwirkung und seinem Bewegungsgefühl zu arbeiten und dass er dazu motiviert wird, sein Pferd durch eine korrekte Grundausbildung sorgfältig und geduldig zu gymnastizieren.

Als wir begannen, am Rechtsgalopp zu arbeiten, war es nicht das erklärte Ziel, Elrond irgendwie in den Rechtsgalopp zu bekommen, sondern dass er lernte, korrekt und ausbalanciert im Rechtsgalopp zu galoppieren. Sicher gibt es Methoden, die ein Korrekturpferd schneller in den richtigen Galopp bringen, wie zum Beispiel das Angaloppieren aus einer engen Volte heraus. Diese führen aber nur dazu, dass das Pferd im richtigen Galopp angaloppiert. Es wird dabei aber das Gleichgewicht verlieren und sich nicht mehr korrekt selbst tragen.

Der Laie erkennt dies aber nicht, sondern er sieht nur, dass das Pferd endlich im richtigen Galopp galoppiert und wird dies positiv bewerten. Doch jemand, der genauer hinschaut, wird erkennen, dass vieles nicht korrekt sein wird. So wird das Pferd aufgrund mangelnder Tragkraft den Reiter wahrscheinlich deutlich nach außen setzen, der Reiter wird nicht mehr losgelassen sitzen können, der Galoppsprung wird flach und eilig sein und das Pferd wird sich in den Wendungen nicht biegen, sondern gegen den inneren Schenkel drängen und sich in die Wendung legen. Außerdem leidet dadurch die Anlehnung, das Pferd wird sich vielleicht auf den Zügel legen und/oder mit dem Genick nicht mehr als höchstem Punkt gehen.

Erklärtes Ziel in der klassischen Reitausbildung sollte es also nie sein, irgendwas irgendwie zu reiten. Der Reiter sollte immer darauf achten, dass die Punkte der Skala der Ausbildung möglichst exakt erhalten bleiben. Wenn wir dies im Hinterkopf behalten, so hätte unsere Reitausbildung die Chance, wieder reeller zu werden. Denn dann würden sich die Zuschauer nicht mehr von den Lektionen blenden lassen, sondern genauer hinschauen, wie diese geritten werden und ob diese wirklich korrekt sind im klassischen Sinne.

Das würde auch die Pferdeausbilder sehr entlasten, denn dann würde es wieder mehr honoriert werden, wenn ein Pferd nicht so hohe Lektionen, diese aber korrekt und zufrieden zeigt. Die Pferdeausbilder könnten sich dann auch wieder mehr Zeit für die Pferdeausbildung nehmen, weil die Reiter es wieder honorieren würden, wenn die Pferde gründlich und korrekt ausgebildet werden würden.

Auch die Prioritäten würden sich wieder in die richtige Richtung verschieben. Es würde anerkannt werden, wenn jemand sein Pferd korrekt und im Gleichgewicht reitet, auch ohne hohe Lektionen zu können. Heutzutage ist es leider die Regel, dass derjenige Reiter mehr Anerkennung findet, der viele Lektionen reitet, egal, wie verspannt Pferd und Reiter dabei sind. Das führt neben einem Verlust der Qualität in der Reitausbildung dazu, dass schon Reitanfänger und Reiter, die erst wenige Jahre reiten, sich an diesem Reiten messen und zu früh mit Lektionen beginnen, selbst wenn Sitz und Einwirkung noch nicht gefestigt sind. Das führt zu unharmonischen Bildern.

Leider lernt der Mensch hauptsächlich durch visuelle Anreize. Reitet zum Beispiel ein Jugendlicher in einem Stall, wo viele Reiter nur Wert auf Lektionen legen und dabei nicht auf den Sitz, die Skala der Ausbildung und das Befinden des Pferdes achten, so werden die Nachwuchsreiter diesen schlechten Vorbildern leider nacheifern, weil sie meinen, das wäre der Inbegriff des korrekten Reitens.

Wir sollten uns aber auch immer wieder selbst hinterfragen. Lassen wir uns auch selbst von spektakulären Bewegungsabläufen blenden und wertschätzen wir ausreichend das ruhige, harmonische Reiten des Freizeitreiters, der sein Pferd vielleicht "nur" im Gelände reitet, dieses Pferd aber korrekt an den Hilfen steht? Um nicht den klassischen Weg zu verlassen, hilft es sich immer mal wieder zu fragen, was man beim Reiten weshalb reitet und wie sich das anfühlt. Dies verhindert, dass Lektionen nur zur Selbstdarstellung des Reiters und zum Schaden des Pferdes benutzt werden und dass der Reiter einen falschen, verbissenen Ehrgeiz auf Kosten des Pferdes entwickelt.

Eine klassische Ausbildung und eine Korrektur des Pferdes im klassischen Sinne kosten immer viel Zeit. Der Pferdeausbilder ist also darauf angewiesen, dass der Pferdebesitzer sich genügend Zeit für die Ausbildung nimmt. Dies war zum Glück bei Elrond der Fall.

Bei Problemen in der Pferdeausbildung ist es außerdem unverzichtbar, zuerst den Sitz und die Einwirkung des Reiters zu überprüfen. Sitzt der Reiter nicht korrekt, so stört er das Pferd in seinem Gleichgewicht. Übungen, die den Pferden schwerfallen, wie bei Elrond der Rechtsgalopp, sind für die Pferde noch weniger korrekt durchführbar, wenn der Reiter das Pferd durch seinen Sitz stört. Sitzt der Reiter nicht korrekt, so kann er auch nicht richtig einwirken. Klemmt der Reiter zum Beispiel mit dem Schenkel, so wird er die Hilfen nicht im richtigen Moment und nicht in der richtigen Dosierung geben können und ein korrektes Angaloppieren wird so erschwert bis unmöglich.

Elronds Besitzerin musste bezüglich ihres Sitzes vor allem auf zwei Dinge achten. Sie sollte in jeder Wendung, im Schultervor, beim Reiten in Stellung und in den Seitengängen darauf achten, innen zu sitzen. Nur so kann das jeweils innere Hinterbein mehr Last aufnehmen und das Pferd wird zunehmend gymnastiziert.

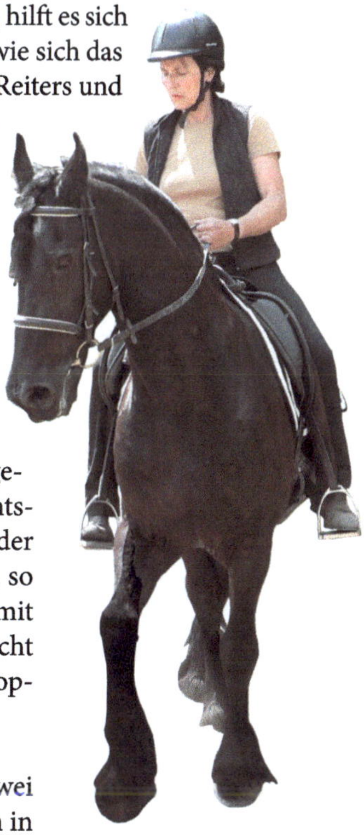

Aus dem Reiten in Stellung wurde die Kurzkehrtwendung entwickelt

Während der Ausbildung stellte sich heraus, dass Elrond ab und zu Probleme mit dem rechten Knieband hatte. Es kann sein, dass er deswegen den Rechtsgalopp vermieden hatte. Elrond ging aber nie lahm deswegen. Trotzdem nahm seine Besitzerin Rücksicht darauf, in dem sie ihn mit sehr viel Ruhe löste und dabei auf der linken Hand begann und beim Lösen nur lange, gerade Linien ritt. Auch die Seitengänge wurden immer nur für wenige Tritte verlangt. Beim Pferd ist es wie beim Menschen: Durch eine gute Gymnastizierung kann manch körperliches Problem behoben werden.

Das soll aber kein Freibrief sein, bei körperlichen Problemen, besonders bei Lahmheiten, einfach weiterzureiten. Denn anders als wir Menschen kann das Pferd nicht selbst bestimmen, wie weit es trotz seiner körperlichen Einschränkung gefordert wird. Dieser Verantwortung muss ich mir bewusst sein und diese auch erfüllen.

Als Beispiel: Alte Pferde haben häufig Arthrose. Leichte Bewegung kann dabei helfen, die Beweglichkeit zu erhalten und Schmerzen in Grenzen zu halten. Doch immer wieder beobachte ich, dass Pferdebesitzer diese Aussage dazu ausnutzen, das Pferd bis zum bitteren Ende zu reiten. Es wird oft jeden Tag sehr lange geritten, bis es durch Adrenalinausstoß über eine gewisse Schmerzgrenze hinweg ist und dann scheinbar besser läuft, womit die Besitzer sich bestätigt fühlen. Möglich wird dies leider auch durch manche Tierärzte, die den Besitzern nicht mitteilen wollen, dass die Tiere noch gut im Offenstall leben können, aber besser nicht mehr geritten, sondern nur noch spazieren geführt werden sollten. Vor allem die Pferdebesitzer sind schuld daran, die diese Pferde ja in der Regel viele Jahre haben und sie nun als Reitpferd nicht missen wollen, oftmals auch, weil diese alten Pferde ja sehr brav und zuverlässig sind.

Hilfreich finde ich hier den Tipp einer Freundin von mir. Sie hatte ein altes Pferd und bat ihre Freunde und ihre Reitlehrerin, ihr Bescheid zu sagen, wenn sie meinten, dass man das alte Pferd nicht mehr reiten sollte. Wichtige Hinweise gibt auch der Gesichtsausdruck eines Pferdes beim Reiten dahin gehend, ob es Schmerzen hat und besser nicht mehr geritten werden sollte.

Unsere Pferde bereiten uns soviel Freude. Das Mindeste, was wir ihnen zurückgeben können, ist ein Dasein als Rentner im heimatlichen Stall, dementsprechende Pflege und ein verantwortungsvoller Umgang mit ihnen. Leben wir das vor, so werden auch die kommenden Generationen wertschätzend und verantwortungsvoll mit Pferden umgehen und viel Freude am Pferd haben.

Um den Galopp zu verbessern und Elrond das Galoppieren zu erleichtern, überprüften wir natürlich immer wieder auch den Sitz seiner Reiterin. Eine gute Hilfe dabei war das Reiten mit einhändiger Zügelführung in allen Gangarten. Übergibt die Reiterin die Zügel in eine Hand und reitet dabei in einer höheren Gangart, so muss sie eine gute Körperbeherrschung und Körperkoordination haben. Sitzt die Reiterin mit beidhändiger Zügelführung korrekt und geht das Pferd ebenso korrekt, so muss beides ebenso wie die Gangart und die Punkte der Skala der Ausbildung bei der Übergabe in die einhändige Zügelführung erhalten bleiben. Wer das schon ausprobiert hat, wird festgestellt haben, dass dies einiger Übung bedarf.

Wir übten die einhändige Zügelführung nach dem Schritt und Trab erst im Linksgalopp, weil dieser noch einfacher zu reiten war. Dabei zog Elronds Besitzerin die Absätze hoch und klemmte leicht mit dem Schenkel. Dies führte dazu, dass die treibende Hilfe nicht mehr ausreichend durchkam und Elronds Besitzerin nicht mehr losgelassen saß. Dadurch verhielt Elrond sich etwas. Außerdem trug Elronds Besitzerin nach der Übergabe der Zügel in eine Hand die Zügelhand zu hoch, als wollte sie Elrond mit hoher Hand bei jedem Galoppsprung leicht aufwärts unterstützen, weil ihr Treiben aufgrund des Verlusts der Losgelassenheit ihres Sitzes nicht mehr ausreichend durchkam. Das führte aber dazu, dass sie Elrond im Bewegungsablauf etwas störte.

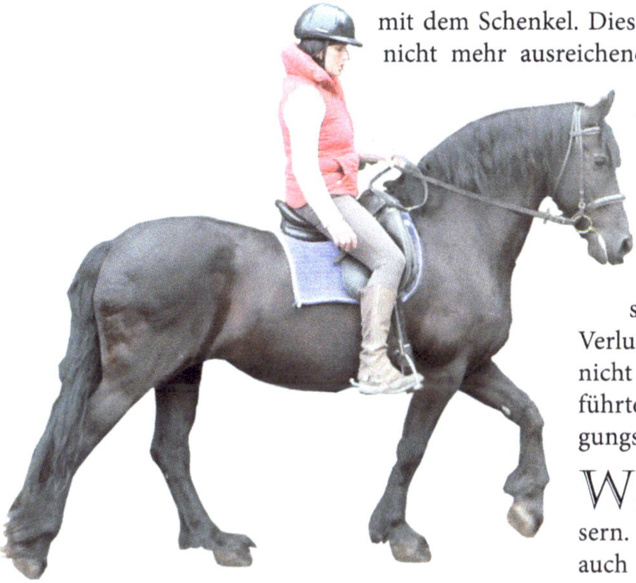

Einhändige Zügelführung im Schritt bei guter Selbsthaltung des Pferdes

Wie arbeiteten also daran, dies zu verbessern. Die Arbeit am Reitersitz verbessert auch immer das Reitergefühl. Besonders bei schweren Pferden und Pferden, die dazu neigen, triebig zu werden, ist es immens wichtig, dass der Reiter spürt, wenn das Pferd nicht mehr auf eine leichte vortreibende Hilfe reagiert. Dann muss der Reiter diese unverzüglich verstärkt geben, um sofort bei richtiger Reaktion des Pferdes mit der Hilfe auszusetzen. Nur so lernt das Pferd, sich die treibende Hilfe durch den ruhig liegenden Schenkel und die Rumpfbewegung quasi selbst abzuholen. Verpasst der Reiter diesen Moment, so neigt er dann wie Elronds Besitzerin dazu, mit dem Schenkel zu klemmen und den Absatz hochzuziehen, damit das Pferd überhaupt noch weitergeht und nicht zum Beispiel vom Galopp einfach in den Trab fällt. Allerdings leidet dann neben dem Reitersitz auch die Qualität des Galopps und die Losgelassenheit des Pferdes und weiterführende Übungen sind so nicht möglich und nicht sinnvoll. Mit zunehmender Kraftentwicklung ging Elrond von sich aus immer schwungvoller und nahm die treibenden Hilfen leichter an.

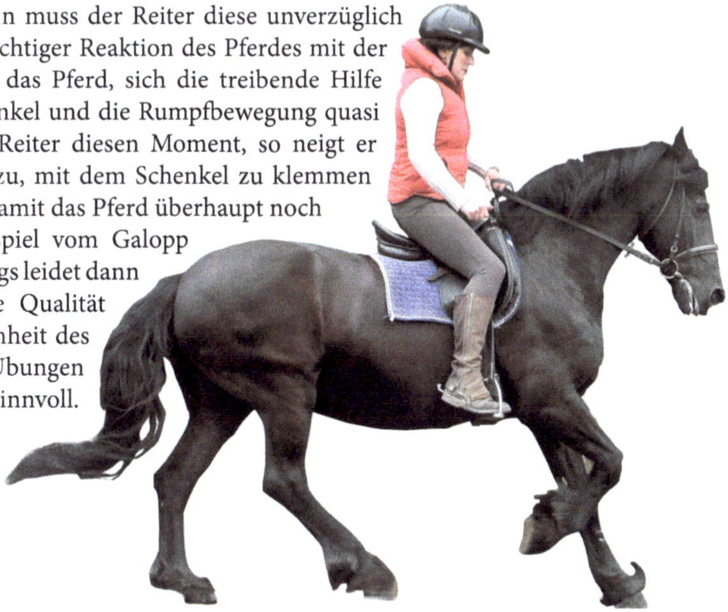

Guter Durchsprung im Rechtsgalopp, aber die Reiterin sollte nicht mit Knie und Oberschenkel klemmen und die Anlehnung sollte leichter sein

Es gilt also in der klassischen Reitlehre, ein Reiterleben lang möglichst viele Feinheiten zu verbessern, sodass dann ein harmonisches Gesamtbild entsteht und dieses zu dauerhafter Zufriedenheit und Gesundheit von Pferd und Reiter führt.

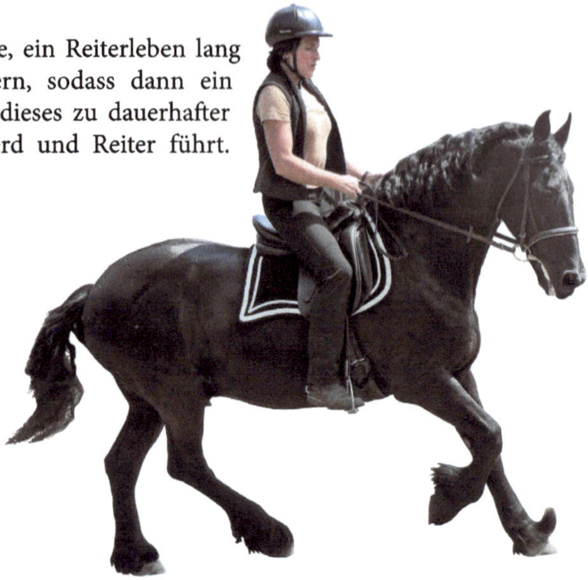

Rechtsgalopp gut durchgesprungen mit gut gewinkeltem Hinterbein, ohne eilig zu sein.

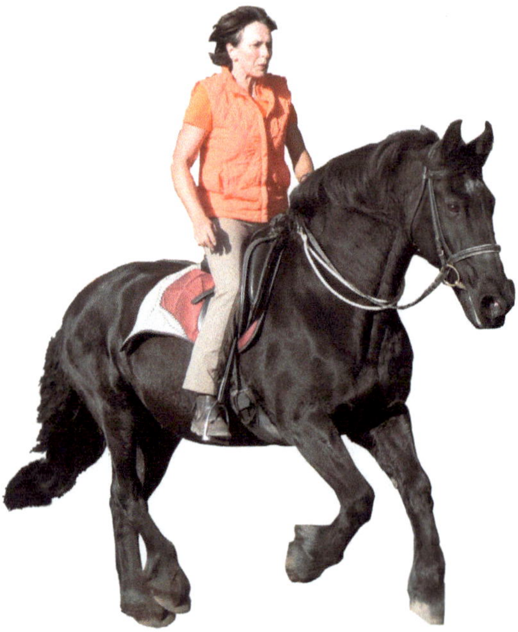

Auch ohne Zügelverbindung ist der Rechtsgalopp nun abrufbar. Die Reiterin sollte aus Sicherheitsgründen eine Reitkappe tragen.

PRE-Wallach Fandi: Verbesserung der Grundausbildung und Ausbildung bis zu Lektionen der Klasse M

Fandi wurde von seiner jetzigen Besitzerin viereinhalbjährig gekauft. Er ist ein PRE-Wallach, der ein halbes Jahr zuvor gelegt wurde, da er sehr hengstig war. Er wurde dreijährig aus Spanien importiert. Fandi befand sich viereinhalbjährig auf dem Niveau einer leichten A-Dressur, er ging aber in Gebrauchshaltung mit falschem Knick und dehnte sich nicht ausreichend in die Tiefe. Lektionsmäßig wurde er leider auch schon weiter gefordert, so wurden unter anderem Galopptraversalen geübt. Wie immer, wenn einem Pferd so früh solche Lektionen abverlangt werden, sind sie fehlerhaft und die Grundausbildung wurde darüber vernachlässigt.

Auf dem Verkaufsfoto überzeugte er neben seiner Schönheit durch seinen guten Takt.

Als wir ihn besichtigten, waren wir von seiner ruhigen Art sehr angetan. Für einen Spanier war Fandi recht gut geritten. Er wurde nicht nur, wie es bei Barockpferden leider oft üblich ist, nur in Aufrichtung geritten, sondern auch vorwärts-abwärts. Zwar ließ er dabei den Hals nicht ganz fallen und trat nicht ausreichend an die Hand heran, aber es war ersichtlich, dass man auf seine bisherige Ausbildung aufbauen konnte. Der große Vorteil war, dass er nicht unter dem Reiter wegeilte, sondern auch mit hingegebenem Zügel in einem ruhigen Trab blieb und sich treiben ließ, ohne aber dabei triebig zu sein.

Da Fandi sehr willig war, war er leider ausbildungsmäßig überfordert worden. So hatte sein Reiter schon mit ihm Galopptraversalen geübt. Diese waren natürlich ohne Längsbiegung und ohne Versammlung. Außerdem ging Fandi in der Aufrichtung nur mit einem falschen Knick und mit der Stirn-Nasenlinie in der Senkrechten anstatt der Hinterhandaktivität im Arbeitstempo entsprechend vor der Senkrechten. Auf der rechten Hand bog er sich überhaupt nicht und ließ den Reiter in jeder Rechtswendung nicht innen sitzen. Saß der Reiter auf der rechten Hand auf dem rechten Gesäßknochen, so drängelte Fandi in die Bahn hinein. Dass Fandi überfordert worden war, zeigte er durch Zähneknirschen bei jeder kleinsten Anforderung wie zum Beispiel kurzes Aufrichten im Arbeitstrab.

Im Galopp war Fandi unausbalanciert und angespannt. Er legte die Ohren deutlich an, drückte den Rücken leicht weg, richtete den Hals viel zu stark auf, wurde kurz im Hals und trat nicht an die Hand heran. Er galoppierte trotzdem willig, sein Unbehagen im Galopp war ihm aber deutlich anzusehen. Verstand er nicht, was man von ihm wollte oder arbeitete man ihn an der Hand, so neigte er dazu, rückwärts zu rennen. Es ist wahrscheinlich, dass er in Spanien öfter durch Rückwärtsrichten bestraft worden war. Im Umgang war er lieb, nur manchmal wurde er anfangs noch recht hengstig.

Fandi kam in den ersten Monaten nach dem Kauf zur weiteren Ausbildung zu mir in den Stall. Seine Besitzerin kam mehrmals in der Woche, um mit ihm unter meiner Anleitung zu arbeiten. Als Fandi nach dem Kauf zu mir kam, stellten wir ihn zusammen mit einem Wallach in den Offenstall. Diesem ruhigen Wallach gegenüber war er recht dominant und trieb ihn öfter im Schritt vor sich her. In die Herde wollten wir ihn aufgrund seiner immer wieder auftretenden Hengstigkeit erst einmal nicht stellen, da sich in dieser auch eine Stute befand. Ihn nicht dazu zu stellen, um keine Verletzung zu riskieren, erwies sich als die richtige Entscheidung. Vor allem, da abgemacht war, dass Fandi nur einige Monate bleiben sollte und dann zu seiner Besitzerin in den Stall wechseln sollte, sodass sich eine Eingliederung in die Herde auch nicht gelohnt hätte.

Fandi hatte außerdem die Angewohnheit, stundenlang im eiligen Schritt den Zaun auf und ab zu laufen, obwohl er sonst beim Reiten und im Umgang sehr nervenstark war. Wahrscheinlich war er in Spanien als Hengst alleine aufgewachsen beziehungsweise war als Jährling, als er hengstig wurde, von anderen Pferden ferngehalten worden. Das ist immer der Nachteil, wenn man ein Pferd nicht beim Züchter kauft. Man weiß nicht, wie es aufgewachsen und sozialisiert ist. Im Gegensatz zu der Boxenhaltung mit täglichem Auslauf beim Verkäufer war die Offenstallhaltung für Fandi eine Verbesserung, auch wenn er nur einen Kumpel dabei hatte und nicht in der Herde stand.

Er verkraftete die Umstellung auch gut und genoss es, sich immer bewegen zu können. Durch die Art der Haltung präsentierte er sich schon nach kurzer Zeit für sein Alter beim Reiten trotz der neuen Umgebung sehr ausgeglichen.

Zum Eingewöhnen führten wir Fandi mehrere Tage auf dem Hof spazieren, ließen ihn auf dem Reitplatz laufen und longierten ihn. Longieren verband er anfangs mit wildem Austoben. Wahrscheinlich war er öfter ablongiert worden und durfte dabei direkt losrennen. Nach ein paar Tagen regelmäßigen Longierens war aber ein ruhiges Anlongieren möglich, da Fandi durch die Offenstallhaltung immer ausgeglichener wurde und sein Laufbedürfnis im Auslauf stillte. Beim Longieren banden wir ihn nicht aus, da er lernen sollte, den Hals ganz lang zu machen. Fandi hat einen hoch angesetzten Hals. Solche Pferde lassen eher schwer den Hals fallen. Da Fandi von Natur aus aber viel Takt und Losgelassenheit mitbrachte, ging er im Trab nach einigen Tagen nach kurzer Zeit des Longierens zwanglos im natürlichen Trab dahin.

Im Galopp änderte sich das Bild. Sobald man ihn angaloppieren wollte, wurde Fandi hektisch. Obwohl nicht ausgebunden, nahm er zum Angaloppieren und im Galopp von sich aus den Hals ganz hoch und rollte sich dabei ein. Man hatte ihn wohl nie im Galopp mit langem Hals sein Gleichgewicht finden lassen. Da das Galoppieren für ihn mit Stress verbunden war und er sich dadurch nicht löste, sondern festmachte, ließen wir den Galopp in der Ausbildung erst einmal ganz weg.

Das Ziel war, die Losgelassenheit und das Reiten mit Anlehnung in der Tiefe im Trab zu verbessern und zu festigen, um das irgendwann in den Galopp mitnehmen zu können.

Nach ungefähr einer Woche des Eingewöhnens begannen wir mit dem Reiten. Aufgrund einer schlecht bemuskelten Sattellage links und rechts vom Widerrist überprüften wir vorher den Sattel. Er war in der Kammer zwei Nummern zu eng. Dies begegnet mir in der praktischen Pferdeausbildung immer wieder. Oft wird dies nicht bemerkt, da der Sattel dadurch ja sicher sitzt, nicht verrutscht und deswegen als vermeintlich passend empfunden wird.

Außerdem bemerkte ich, dass Fandi das Satteln unbehaglich war. Er schlug beim Sattelauflegen mit dem Schweif, beim vorsichtigen Gurtanziehen ebenso und beim Angurten bemerkte ich oft, wie er sich anspannte. Wenn ich zum Angurten nach den Gurtstrupfen griff, war der Gurt dabei noch so lose, dass man das Gefühl hatte, problemlos bis ins dritte oder vierte Loch gurten zu können und der Gurt dann immer noch leicht durchhängen würde. Kaum fing ich aber vorsichtig an zu gurten, spannte Fandi sich jedoch so an, dass ich nur ins erste Loch gurten konnte, damit der Sattelgurt noch leicht durchhing, wie es mein Bestreben war, damit er den Sattelzwang verlor. Er spannte seine Muskulatur also so an, dass ich das Gefühl hatte, er wäre mindestens zwei Löcher dicker geworden.

Dieses Anspannen ist ein deutliches Zeichen für einen Sattel- oder Gurtzwang. Keinesfalls darf dann in die eigentlich vorhergesehenen Löcher gegurtet werden, sondern der Gurt muss noch leicht durchhängen. Andernfalls wird der Gurt- oder Sattelzwang immer schlimmer werden. Ich gurtete also in den nächsten Monaten besonders vorsichtig und häufig nach. Außerdem führte ich Fandi vor dem Aufsteigen lange im Schritt, um dann allmählich nachzugurten. Hatte ich das Gefühl, dass er sich sehr anspannte, so longierte ich ihn nach dem Schritt führen und vor dem Aufsitzen einige Runden ab. Dabei vollführte er dann immer einige Bocksprünge fast auf der Stelle mit rundem, angespanntem Rücken und tiefem, eingerolltem Hals (obwohl er dabei natürlich nicht ausgebunden war). Diese Bocksprünge sind typische Anzeichen für einen Sattelzwang.

Beim Reiten tat Fandi das zum Glück nie, weil er einfach immer bemüht war, es dem Reiter recht zu machen. Wenn ich doch nicht genug geführt hatte und zu früh aufsaß, so wurde er im Schritt eilig und zeigte sein Unbehagen dadurch, er fing aber nie, wie an der Longe, an zu buckeln. Trotzdem wäre es ungerecht gewesen, nicht auf sein Unbehagen beim Satteln einzugehen, auch wenn er sich unter dem Reiter immer zusammenriss und es nie so deutlich zeigte wie an der Longe. Denn wir als Reiter und/oder Pferdebesitzer haben die Verantwortung, alle Voraussetzungen dafür zu schaffen, dass unsere Pferde zufrieden mit uns zusammenarbeiten.

Die Zusammenarbeit mit Fandi machte immer viel Spaß, weil er von sich aus auf den Menschen zuging und sehr zutraulich war. Betrat man den Auslauf, so kam er sofort angelaufen. Außerdem ist er ein sehr edles Pferd, bei dem jedes Mal das Ansehen schon Freude macht. In diesem ersten Herbst schimmerte sein Fell kupferrot und seine schwarzen Beine, die schwarze Mähne und der schwarze Schweif bildeten einen schönen Kontrast dazu. Vom Kopf her wirkte er mit seinem schmalen Nasenrücken und dem trockenen Kopf regelrecht aristokratisch. Vom Temperament her war er sehr angenehm, ausgeglichen, aber motiviert bei der Arbeit. Man hatte das Gefühl, sich auf ihn verlassen zu können und sich ihm anvertrauen zu können. Vom Exterieur her ist er nicht der Typ des kurzen, barocken Pferdes, sondern großrahmiger und im Rechteckformat stehend. Wir hatten ihn absichtlich so ausgewählt, denn noch wichtiger als eine hohe Versammlungsfähigkeit waren für die Besitzerin in erster Linie die Losgelassenheit und ein lockerer Rücken.

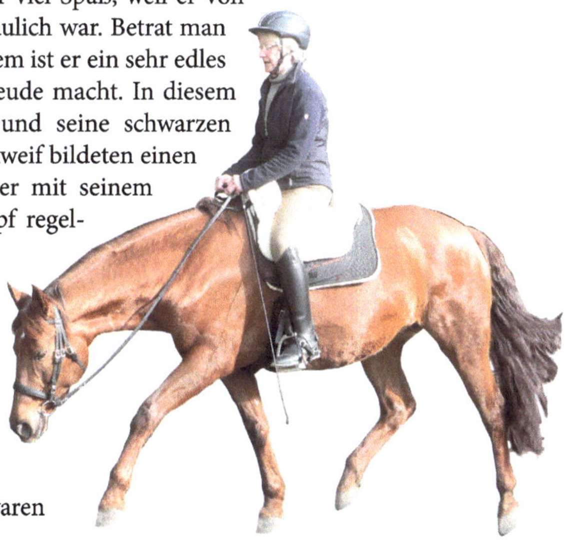

Korrekte Dehnungshaltung mit ganz fallengelassenem Hals, der Stirn-Nasenlinie leicht vor der Senkrechten im taktmäßigen Arbeitstrab. Das Foto wurde zur Demonstration mit einem anderen Pferd nachgestellt.

Das Reiten in der neuen Umgebung auf dem Reitplatz begann nach der

Eingewöhnung problemlos. Ich arbeitete zusammen mit der Besitzerin daran, dass Fandi den Hals ganz fallen ließ und in der Tiefe ganz lang macht. Beim Verkäufer hatte er den Hals nur ansatzweise fallen lassen. Außerdem rollte Fandi sich beim Dehnen nach unten auf, anstatt den Hals ganz lang zu machen. So kam in der Dehnungshaltung auch keine Anlehnung zustande.

Jedes vermehrte Dehnen in die Tiefe wurde von mir durch sofortiges Nachgeben und Verlängern des Zügels zugelassen. Ein großer Vorteil bei dieser Basisarbeit war, dass Fandi dabei den ruhigen Trab beibehielt und nicht ins Eilen kam, denn das wäre viel langwieriger zu korrigieren gewesen. Auch wenn Fandi beim Vorbesitzer schon einige Lektionen kennengelernt hatte, so stellte sich sein Ausbildungsstand bei dieser Form der Arbeit doch ganz klar als remontemäßig dar. Wenn er sich nämlich zwanglos mit ganz langem Hals in die Tiefe dehnte, so hing dabei seine Nase fast ganz auf dem Boden. Er benötigte also noch die volle Halsfreiheit, um sich unter dem Reiter auszubalancieren.

Außerdem hatte er noch nicht genügend Schubkraft, um mit Anlehnung in der Tiefe im Arbeitstrab zu gehen, sondern er ging im natürlichen Trab und fiel dabei immer wieder mangels Schubkraft in den Schritt. Keinesfalls darf der Reiter dann auf einem fleißigeren Trab bestehen und das Pferd vorwärts jagen. Dann würde es den Takt und die Zwanglosigkeit verlieren. Vielmehr mussten wir in den nächsten Monaten durch vorsichtiges Nachtreiben kleinschrittig den Arbeitstrab entwickeln. Bis Fandi sicher im Arbeitstrab mit Anlehnung in der Tiefe ging, vergingen mehr als eineinhalb Jahre.

Woran wir anfangs neben dem Reiten arbeiten mussten, war das Auftrensen. Fandi hatte dabei wohl, vielleicht schon in Spanien, schlechte Erfahrungen gemacht. Sobald ich das Halfter vom Kopf nahm, um ihn aufzutrensen, ging er im Schritt davon. Beim Trensen riss er den Kopf ganz hoch, obwohl er sich an den Ohren problemlos berühren ließ. Sollte er das Maul beim Auftrensen öffnen, so tat er dies zwar, versuchte aber gleichzeitig durch Loslaufen und den Kopf hochreißen, sich dem Trensen zu entziehen. Damit er nicht davonlief, musste ich ihn also möglichst schnell trensen. Nachdem ich gemerkt hatte, dass beim Trensen selbst aber auch Probleme bestanden, zog ich das Halfter vom Kopf und legte es immer um Fandis Hals, um das Weglaufen zu verhindern. Dann begann ich mit dem Trensen. Nahm er dabei den Kopf etwas herunter, so bekam er ein Leckerchen, ebenso, wenn ich ihn getrenst hatte. Dadurch gelang das Trensen schon nach einigen Tagen besser. Immer wieder fiel er aber in sein altes Muster zurück.

Bis das Problem ganz beseitigt war, verging ungefähr ein dreiviertel Jahr. Ich achtete vor allem darauf, beim Auf- und Abtrensen nicht an Fandis Zähne zu stoßen. Auf keinen Fall durfte ihm das Trensen wehtun. Auch wärmte ich bei Minusgraden das Gebiss in der Hand vor dem Trensen etwas an. Außerdem achtete ich auf die richtige Verschnallung der Trense. Heutzutage wird das Gebiss oft zu hoch verschnallt, sodass durch das Gebiss die empfindlichen Maulwinkel ständig hochgezogen werden.

Wir begannen, nachdem Fandi zwei Wochen bei mir stand, mit einem Führpferd zusammen auch erste kleine Spaziergänge mit ihm zu unternehmen und dann kleine Ausritte, die wir immer weiter ausdehnten. Diese Abwechslung in der Arbeit und das Reiten auf langen geraden Linien brachten Fandi immer mehr ins Gleichgewicht unter dem Reiter. Er schaffte es immer länger, ausbalanciert geradeaus zu gehen, ohne gegen den rechten Schenkel zu drängeln und ohne den Reiter immer nach links zu setzen. Die Ausritte wurden während der kompletten Ausbildung bei mir beibehalten. Auch ruhiges Anhalten, zum Beispiel vor Straßen, übten wir. Stand Fandi ruhig, so belohnte ich ihn auch immer wieder einmal mit einem Leckerchen.

Auch für die Entwicklung der Schubkraft waren diese Ausritte sehr positiv. Wie bei vielen barocken Pferden war bei Fandi die Ausbildung der Schubkraft und die damit verbundene allmähliche Entwicklung des Schwunges vernachlässigt worden. Dadurch war die Versammlung, natürlich ganz davon abgesehen, dass sie viel zu früh verlangt wurde, keine reelle Versammlung. Vielmehr war der Galopp unter dem Verkäufer durch den fehlenden Schwung nicht versammelt, sondern nur langsam. Die Galoppsprünge waren nicht durchgesprungen, sondern gelaufen.

Nicht umsonst steht der Schwung deswegen in der Skala der Ausbildung vor der Versammlung. Denn ohne Schwung gibt es keine Versammlung. Der Schwung wurde früher in der Reitvorschrift auch Entwicklung des Ganges genannt. Denn durch den Schwung werden die Bewegungen des Pferdes federnder und raumgreifender. Sie gewinnen dann den Ausdruck, der von Natur aus für das jeweilige Pferd möglich ist. Nicht umsonst wird man feststellen, dass besonders der Trab am Anfang der Ausbildung sehr ausdruckslos sein kann und im Laufe der Ausbildung deutlich an Ausdruck gewinnt, wenn die Ausbildung korrekt verläuft. Bei Fandi wurde dies im Verlauf der Ausbildung immer deutlicher. Besonders der Galopp wurde im Laufe der Ausbildung immer bedeutender. Die Galoppsprünge wurden raumgreifender, trotz ruhigen Tempos und der Galoppsprung bergauf gesprungen, sodass man das Gefühl hatte, das Pferd wachse förmlich im Galopp. Er stand bezüglich des Raumgriffs und Schwungs im Galopp einem Warmblüter in nichts nach.

Die beginnende Schubkraft benötigte ich auch für die relative Aufrichtung. Keinesfalls darf ein Pferd durch die hohe Reiterhand aufgerichtet werden. Leider sieht man dies heutzutage häufiger. Reitet ein Reiter sein Pferd immer mit hoher Handhaltung, so ist das in der Regel ein Zeichen dafür, dass die Hinterhand nicht aktiv genug ist. Fandi hatte sich bei dem Vorbesitzer das Gehen mit einem falschen Knick angewöhnt. Dies führt dazu, dass das Pferd nicht im Genick, sondern an der weichsten Stelle des Halses nachgibt, nämlich im dritten oder vierten Halswirbel, sich nicht korrekt trägt und so nie ausreichend Tragkraft für die künftige Versammlung entwickeln wird.

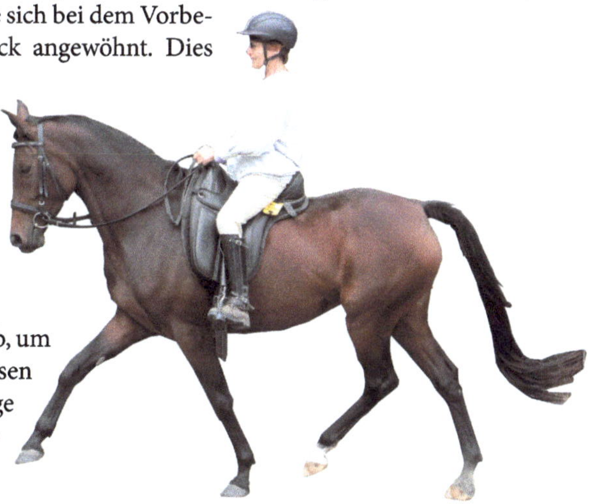

Trotz ausdrucksvollem Trab und obwohl die Stirn-Nasenlinie nicht hinter der Senkrechten ist, ist das Gehen dieses Pferdes falsch. Es tritt nicht an die Reiterhand heran und das Genick ist nicht der höchste Punkt. Das Foto wurde zur Demonstration mit einem anderen Pferd nachgestellt.

Ich arbeitete ihn also weiter im Trab mit Anlehnung in der Tiefe Richtung Arbeitstrab, um die Schubkraft zu entwickeln. Nach dem Lösen richtete ich ihn immer wieder für einige Tritte auf. Dies entwickelte ich aus dem Trab in der Tiefe und nie aus dem Schritt, da Fandi vorher wohl zu früh Schritt am Zügel geritten worden war und sich jetzt verhielt, sobald man auch nur kurz Schritt am Zügel ritt. Beim Aufrichten achtete ich darauf, dass Fandi etwas mehr vorwärts trabte als im natürlichen Trab und sich dadurch aufrichtete. Auch hier fehlte Fandi noch die Schubkraft für den schwungvollen Arbeitstrab. Er trabte noch in einem sehr ruhigen Arbeitstrab, behielt dabei aber Takt und Losgelassenheit bei, was das Wichtigste war. In der Aufrichtung achtete ich besonders darauf, dass er mit dem Genick als höchstem Punkt ging. Dabei forderte ich ihn durch eine tiefe, passive Hand, die immer zum Nachgeben bereit war auf, die Stirn-Nasenlinie recht deutlich vor die Senkrechte zu nehmen. Ich wollte so die falsche zu starke Zusammenstellung korrigieren und Fandi sollte so lernen, mehr an die Reiterhand heranzutreten.

Die Aufrichtung behielt ich nur für ungefähr sechs Trabtritte bei, dann ließ ich wieder die Zügel aus der Hand kauen. So ging ich über Wochen vor, dabei gewann Fandi immer mehr an Kraft und konnte sich immer länger korrekt tragen. Von der Kopfhaltung, der Rückentätigkeit und der Hinterhandaktivität her ging er dabei schon sehr korrekt. Bedingt durch die starke Zusammenstellung beim Vorbesitzer trat er dabei aber noch zu wenig an die Hand heran, er musste erst wieder Vertrauen zur Reiterhand aufbauen, sich trauen, an diese federnd heranzutreten. Bis die Anlehnung über Runden hinweg im Arbeitstrab ganz sicher und gleichmäßig war, vergingen fast zwei Jahre.

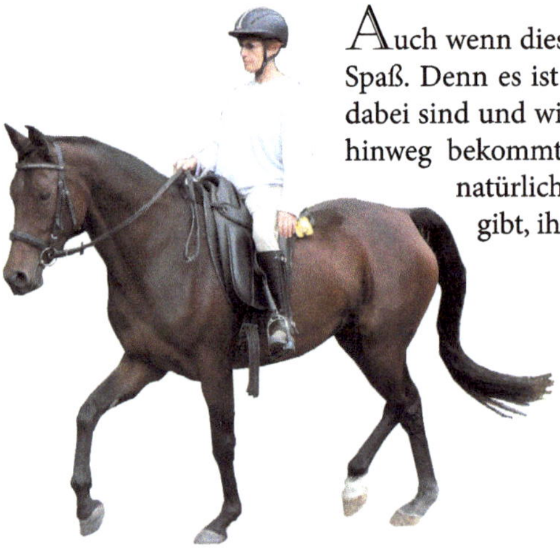

Auch wenn diese Arbeit eine Geduldsarbeit war, so machte sie viel Spaß. Denn es ist immer wieder erstaunlich, wie bemüht die Pferde dabei sind und wie schnell man schöne Ergebnisse über einige Tritte hinweg bekommt, wenn man die Pferde in einer angemessenen, natürlichen Haltung gehen lässt, die ihnen die Möglichkeit gibt, ihr Gleichgewicht unter dem Reiter zu finden.

Mit einhändiger Zügelführung im noch ruhigen Arbeitstrab mit relativer Aufrichtung und der Stirn-Nasenlinie korrekt vor der Senkrechten, trägt das Pferd sich nun mit dem Genick als höchstem Punkt und tritt an die Reiterhand heran. Das Foto wurde zur Demonstration mit einem anderen Pferd nachgestellt.

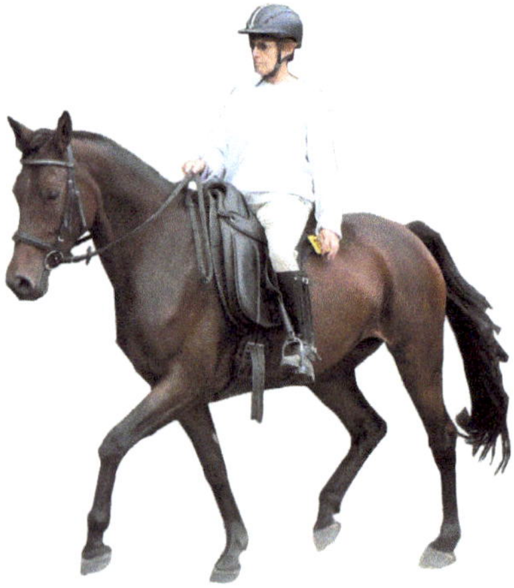

Nun ist der Arbeitstrab im Vergleich zum Foto vorher schon schwunghafter und wirkt mehr bergauf, wobei die korrekte relative Aufrichtung erhalten bleibt. Das Foto wurde zur Demonstration mit einem anderen Pferd nachgestellt.

Fandi schien Bewegungsabläufe auch besonders schnell zu verinnerlichen. Zweieinhalb Jahre später passierte mir in einer Reitstunde nämlich Folgendes: Ich ritt Fandi selbst, weil die Besitzerin im Urlaub war. In den Reitstunden hatte es leichte Probleme mit dem Arbeitsgalopp gegeben. Fandi galoppierte ruhig und willig, kam aber immer wieder etwas aus dem Gleichgewicht, weil seine Besitzerin etwas mit dem

Knie klemmte und dadurch mit dem Gesäß etwas unruhig saß. Als Folge rollte Fandi sich mal kurz auf oder stützte sich auf dem Gebiss ab. Nach dem Lösen galoppierte ich an. Ganz kurz zeigte Fandi dieselben Symptome des sich auf dem Gebiss abstützens. Ich bemühte mich, ruhig zu sitzen und ihn durch gleichmäßiges Vortreiben vor den Hilfen zu halten. Nach wenigen Galoppsprüngen galoppierte Fandi mit großen, ruhigen Galoppsprüngen ganze Bahn mit wunderbarer konstanter Anlehnung, dem Genick als höchstem Punkt und der Stirn-Nasenlinie leicht vor der Senkrechten.

Eine Woche später ritt ich ihn erneut, da seine Besitzerin noch im Urlaub war. In der Zwischenzeit war Fandi nur den ganzen Tag auf dem Paddock gewesen (es war Winter, die Weiden waren zu) und Schritt in der Führmaschine gegangen, er war also gar nicht geritten oder longiert worden. Nach dem Lösen galoppierte ich ihn an. Insgeheim erwartete ich, dass er sich noch einmal kurz auf den Zügel legte. Doch nichts dergleichen geschah. Fandi galoppierte direkt so wunderbar wie in der Stunde in der Woche davor. Das zeigte mir noch mal, wie dankbar die Pferde sind, wenn wir ihnen genug Halsfreiheit zum Ausbalancieren geben und uns bemühen, einfach nicht zu stören.

Ich wäre auch nicht enttäuscht gewesen, wenn es nicht auf Anhieb so gut geklappt hätte. Aber es zeigte mir noch mal, wie bemüht doch unsere Pferde sind, es uns recht zu machen. Außerdem beweist es mir, dass die Haltung der Pferde unter dem Reiter, die sich allmählich bei korrekter klassischer Ausbildung gemäß der Reitvorschrift von selbst entwickelt, eine natürliche und angenehme für die Pferde ist, sonst ließe sich bei Korrekturen nicht so häufig so schnelle Erfolge erzielen.

Oft habe ich bei Korrekturpferden erlebt, dass sie schon nach wenigen Tagen nach klassischen Maßstäben sehr korrekt in Dehnungshaltung oder auch in Aufrichtung gingen. Dies war zwar oft nur für wenige Tritte, da die Pferde nicht genug Kraft haben, um dies länger durchzuhalten, aber dies ist beim jungen, korrekt ausgebildeten Pferd ja auch so. Ich denke, dieses Beispiel zeigt deutlich, worauf es in der klassischen Reitlehre auch ankommt, nämlich die Pferde nicht zu stören, sondern ihnen durch korrektes, wohlüberlegtes Reiten zu helfen, das Gleichgewicht zu finden und die Gehfreude bei völliger Zwanglosigkeit zu erhalten.

In der Pferdeausbildung hat mir und auch Fandis Besitzerin oft geholfen, sich selbst beim Reiten immer wieder ermahnend “Nicht stören!” zuzurufen. Dieser Zuruf erinnerte uns daran, sich immer wieder auf den Sitz zu konzentrieren und diesen dann gegebenenfalls zu korrigieren. Nur so kann das Pferd ins Gleichgewicht kommen, was gerade bei der Ausbildung junger Pferde unverzichtbar ist. Ich kann jedem Reiter nur empfehlen, dies einmal auszuprobieren und immer wieder am Sitz zu arbeiten. Wie effektiv das ist, wenn man sich bemüht, korrekt und losgelassen zu sitzen und nicht zu stören, erfuhren wir immer wieder, wenn Fandi nach der Sitzkorrektur wie von selbst ging. Vor allem im Galopp zeigte er deutlich, wenn etwas am Reitersitz nicht stimmte. Er trug sich dann nicht, wurde eilig und fand keinen Takt. Dieser Zuruf “Nicht stören!” erzieht auch dazu, den Fehler immer bei sich selbst zu suchen.

Als Fandi im ruhigen Arbeitstrab ganze Bahn mit Anlehnung in der Tiefe zu gehen gelernt hatte, so ritt ich ab und zu eine Runde Zirkel auf jeder Hand. Dabei ging ich wie mit einem jungen Pferd vor. Ich erwartete keine Längsbiegung, da Fandi diesbezüglich durch die Vorbesitzer wenig gymnastiziert worden war, vor allem auf der rechten Hand nicht. Er sollte zu diesem Zeitpunkt nur willig abwenden und ich verhinderte vor allem auf der rechten Hand durch Treiben mit dem inneren Schenkel, dass er dabei in den Zirkel hineindrängelte. Er sollte also erst einmal nur lernen, willig abzuwenden und den inneren

Schenkel in der Form anzunehmen, dass er nicht in den Zirkel hineinlief. Dadurch verbesserte ich allmählich den Gehorsam auf meine inneren Hilfen. Zu diesem Zeitpunkt begann ich auch, auf beiden Händen das Schenkelweichen zu üben. Vor allem, wenn ich den rechten Schenkel weichen lassen wollte, bereitete Fandi das anfangs Kopfzerbrechen. Er ging dann immer rückwärts und verkroch sich hinter dem Zügel. Es war ganz klar, dass er die Funktion des rechten Schenkels bis dahin gar nicht verstanden hatte, was sich ja auch in der nicht ansatzweise vorhandenen Längsbiegung auf der rechten Hand zeigte.

Ich ging dann kleinschrittiger vor. Ich ließ ihn erst nur an der Hand übertreten. Dabei reagierte er willig, wurde aber hektisch. Ich hatte wieder den Verdacht, dass er schon früher an der Hand gearbeitet, vielleicht sogar schon anpiaffiert worden war, da er dabei sehr hektisch wurde, auch wenn noch gar nichts von ihm verlangt wurde.

Beim Schenkelweichen verlangte ich nur drei bis vier Schritte mit wenig Abstellung und ritt das Schenkelweichen von der Mittellinie aus oder mit dem Kopf zur Bahnmitte. So konnte ich jederzeit vorwärts reiten, um Fandi zu korrigieren falls er wieder beim Schenkelweichen anfing, rückwärts zu rennen. Mit viel kleinschrittiger Übung und ganz viel Lob und Ruhe, sodass Fandi auch darüber nachdenken konnte, was ich mit meiner Hilfe zum Seitwärtstreten wohl von ihm wollte, wurde das Schenkelweichen immer besser. Fandi verstand nicht nur, was ich mit meiner Hilfe von ihm wollte, sondern ich konnte die Hilfengebung immer weiter verfeinern. Musste ich anfangs den Schenkel noch aktiv an den Pferdeleib drücken, um ihn seitwärts treten zu lassen, so wurde die Hilfe in den nächsten Monaten immer leichter, bis fast das Austreten des inneren Bügels reichte.

Dies erreichte ich, in dem ich besonders darauf achtete, sofort mit der seitwärtstreibenden Hilfe auszusetzen, sobald Fandi reagierte. Dadurch, dass Fandi immer geschmeidiger wurde, fiel ihm diese Übung aber auch immer leichter. Gleichzeitig übte ich weiterhin immer mal wieder das Reiten eines Zirkels, um die Nachgiebigkeit auf die inneren Hilfen zu festigen. Denn nur wenn Fandi gelernt hatte, auf meine inneren Hilfen zu reagieren und denen nachzugeben, würde er dadurch von sich aus an die äußeren Hilfen herantreten.

Neben dieser Arbeit wurde weiter an der Verbesserung des Arbeitstrabes gearbeitet. Dabei begann ich schon nach einigen Tagen, in der Aufrichtung die Zügel in eine Hand zu übernehmen und einige Tritte mit einhändiger Zügelführung zu reiten. Fandi nahm dies sehr gut an, da diese Zügelführung noch weicher ist als die beidhändige Zügelführung und er aufgrund seiner Vorerfahrungen noch nicht genügend Vertrauens zur Reiterhand besaß. Das wollte ich dadurch verbessern und außerdem überprüfen, ob er dabei Takt, Losgelassenheit und Anlehnung beibehielt, also wirklich am Reitersitz war. Dies gelang wunderbar, wenn ich keine Fehler machte. Da es schon bald sehr sicher gelang, begann ich auch ab und zu große Wendungen mit einhändiger Zügelführung zu reiten. Die Längsbiegung wurde durch das Reiten großer Zirkel immer besser.

Die einhändige Zügelführung ist außerdem ein Prüfstein für die relative Aufrichtung, also dafür, ob die Aufrichtung wirklich entsprechend aus der Aktivität der Hinterhand entstanden ist. Reite ich mit den Zügeln in beiden Händen, kann ich in der Aufrichtung viel eher schummeln, in dem ich zum Beispiel mit hoher Hand reite und das Pferd so fälschlicherweise aufrichte. Mit einhändiger Zügelführung ist diese Schummelei nicht in diesem Maße möglich, vor allem, wenn ich darauf achte, dass bei der einhändigen Führung die Zügelhand möglichst tief, nämlich ein bis zwei Handbreit über dem Widerrist, steht.

Da es Winter wurde, der Boden zum Teil hart gefroren war und ich keine Halle besaß, nutzte ich diese Tage für die Erziehung vom Boden aus. Ich übte beim Führtraining am Halfter Anhalten und Schrittgehen auf leichte Signale und ging mit ihm in der Umgebung spazieren, wobei ich darauf achtete, dass er sich auch in fremder Umgebung gut führen ließ und auf mich reagierte. Das Rückwärtsrichten übte ich nicht, da er es von sich aus bei jeder Gelegenheit anbot und ich dies nicht verstärken wollte. Außerdem übte ich mit ihm die Arbeit an der Hand. Ich übte das Abkauenlassen an der Hand, welches nach kurzer Übung recht gut gelang. Ich musste nur darauf achten, dass Fandi nicht eng im Hals wurde. Außerdem wollte ich die Handarbeit im Mittelschritt auf beiden Händen einüben. Dabei zeigte sich wie schon beim Übertretenlassen, dass Fandi nervös wurde, wenn ich an seiner Seite rückwärts vor ihm herging. Er versuchte direkt, hektisch rückwärts zu rennen und begann mit den Zähnen zu knirschen. Der Verdacht, dass irgendjemand schon Handarbeit mit ihm gemacht und ihn dabei überfordert hatte, kam auch hier wieder auf.

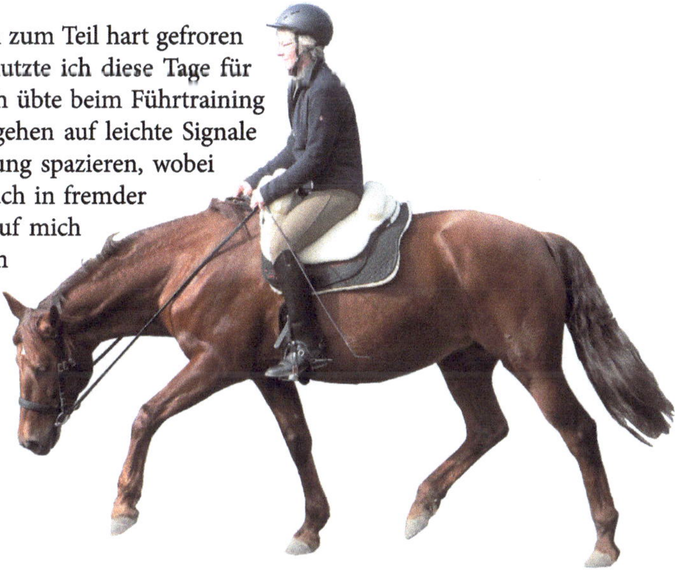

Dehnungshaltung mit guter Längsbiegung auf dem Zirkel. Das Foto wurde zu Demonstration mit einem anderen Pferd nachgestellt.

Auf der rechten Hand, als ich ihn von rechts führte, riss er sich anfangs sogar einmal los, obwohl ich nur Mittelschritt mit ihm gehen wollte. Ich musste also ganz vorsichtig vorgehen. Mir ging es nur darum, dass er lernte, im Mittelschritt auf beiden Händen an der Hand zu gehen. Anfängliche Versuche des Antrabens brach ich sofort ab, da er mit einer Mischung aus Angst und Zorn davon laufen wollte. Es ging jetzt also nur darum, dass er merkte, dass ihm auch bei dieser Form der Arbeit vom Menschen nichts geschah. Es dauerte lange, bis dies einigermaßen gelang.

Seine Unzufriedenheit bei der Handarbeit hat er bis jetzt beibehalten. Bis heute neigt er dazu, dabei hektisch zu werden und mit den Zähnen zu knirschen, obwohl wir mit viel Lob und Ruhe versucht haben, das zu korrigieren. An einigen Tagen geht dies dann auch recht gut und ruhig, aber nicht immer. Auch stellt Fandi sich dabei von sich aus häufig viel zu stark zusammen, verspannt sich und verliert die Vorwärtstendenz, was wieder den Verdacht des Anpiaffierens nahe legt.

Ich versuchte also, das sich Verhalten und zu starke Versammeln zu korrigieren, in dem ich Fandi an der Trense vorsichtig vorzog und behutsam nachtrieb. Aber dann neigte er dazu, loszurennen. Es gab also nur die beiden Extreme, sich verhalten oder wegeilen. Wir haben die Handarbeit deswegen recht bald erst einmal aus unserem Trainingsprogramm gestrichen, weil sie uns nicht weiterbrachte, da Fandi zumindest zu diesem Zeitpunkt dabei die Losgelassenheit verlor.

Auch wenn ich heute, drei Jahre später, von unten beim versammelten Trab mittreibe, zeigt er immer wieder diese Tendenzen des sich verhaltens. Zwar nimmt er oft eindrucksvoll Last auf, verliert aber natürlich angesichts dieser zu großen Lastaufnahme die Losgelassenheit und ist auch nicht mehr vor den Hilfen. Deswegen versuchen wir, diese Arbeit nur an Tagen zu machen, wo er die nötige Ruhe dafür hat und losgelassen bleibt. Natürlich wird er dabei vom Reiter wie auch von mir viel gelobt und mit Leckerchen gefüttert, damit er seine Angst verliert. An diesem Beispiel sieht man deutlich, wie schnell man ein junges Pferd verängstigen kann und dass diese Erfahrungen oft kaum noch zu korrigieren sind.

Bei der allmählichen Entwicklung des Arbeitstrabes und dann auch des Mitteltrabes griff ich immer wieder auf das Überstreichen zurück, um zu überprüfen, ob Fandi sich dabei auch wirklich mit dem Genick als höchstem Punkt trug oder dabei mit dem Genick etwas nach unten abtauchte. Als ich anfing, vermehrt Schwung zu entwickeln und im Trab die Tritte allmählich bis zum Mitteltrab zu verlängern, hatte Fandi eine Phase, in der er am langen und mit hingegebenem Zügel anfing, unter mir wegzueilen.

Ich ging also einen Schritt zurück, denn vielleicht überforderte ihn die Arbeit am Schwung nervlich oder körperlich noch. Keinesfalls darf man trotz des Eilens wie bisher weiterreiten, denn ein eilendes Pferd verliert durch das Eilen in der Regel auch den Takt und ist somit keinesfalls mehr im Gleichgewicht. Damit würde die Grundlage der gesamten Ausbildung fehlen. Ich ritt deswegen in den nächsten Wochen vermehrt wieder im natürlichen Trab mit hingegebenem Zügel und mit Anlehnung in der Tiefe am langen Zügel im Leichttraben wie im Aussitzen. Am langen Zügel ritt ich viele Trab-Schritt Übergänge, um Fandi am Sitz zu behalten, Ruhe ins Pferd zu bringen und das Eilen gar nicht erst aufkommen zu lassen. Nach einigen Wochen war diese Phase des Eilens vorbei. Dies gelingt nicht bei jedem Pferd so leicht und schnell, doch brachte Fandi zum Glück von Natur aus sehr viel Gelassenheit und Takt mit.

Nach einem halben Jahr des Beritts bei mir wechselte Fandi zu seiner Besitzerin in den Stall. Das führte dazu, dass er im neuen Stall einige Wochen recht aufgeregt war und seine Hengstmanieren wieder zutage traten. Fandi war dabei jetzt aber immer gut händelbar. Seine Besitzerin ließ ihm genug Zeit, sich einzugewöhnen. Natürlich hätte man ihn trotzdem sofort reiten können, weil er so brav war, doch wäre er dabei sicherlich psychisch nicht entspannt gewesen. Und es ist nicht fair, über die Bedürfnisse eines Pferdes hinwegzugehen, nur weil es besonders brav ist. Fandi durfte sich also erst einige Tage eingewöhnen und lernte die ganze Anlage kennen, bevor er das erste Mal im neuen Stall geritten wurde. Vor allem machte ihm die Nähe der Stuten und anderer Wallache auf den Nachbarweiden zu schaffen. Man merkte wieder, dass er wahrscheinlich eine Zeit lang in Spanien alleine gehalten worden war, weil ihn andere Pferde so aufregten. Nach einigen Monaten ließ auch das nach und man merkte, dass Fandi sich völlig eingewöhnt hatte.

Erst als der Arbeits- und Mitteltrab sicher gelangen, begannen seine Besitzerin und ich, die Tritte etwas zu verkürzen. Fandi war zu diesem Zeitpunkt fast sechs Jahre alt. Die Zeit der Ausbildung vorher hatten wir vor allem damit verbracht, Schwung zu entwickeln und die Losgelassenheit zu festigen.

Hatte Fandi am Anfang der Ausbildung viel zu früh von sich aus den versammelten Trab bis zu piaffeartigen Tritten angeboten, so hatte man jetzt das Gefühl, er verstand beim Beginn des Tritteverkürzens erst einmal gar nicht, worum es ging. Das hatte aber den Vorteil, dass er sich nicht verspannte, was früher sofort der Fall war, wenn man nur an Versammlung dachte.

Durch häufiges Reiten von Mitteltrab, Übergängen zwischen Trab und Schritt und aus dem Trab zum Halten verkürzte ich allmählich das Tempo. Zum Verkürzen des Trabes legte ich vorher an den langen Seiten zu und begann dann an der kurzen Seite und am Anfang der langen Seiten die Tritte zu verkürzen. Der Gedanke an das darauf folgende Zulegen sorgte dafür, dass der Schwung erhalten blieb. Anfangs zeigte Fandi die Anfänge des versammelten Trabes nur am Anfang der langen Seite. Wollte man den verkürzten Trab bis zur Mitte der langen Seite reiten, stützte er sich nach einigen Tritten auf den Zügel und legte zu. Ich brach die Übng dann ab und ritt die verkürzten Tritte nur am Anfang der langen Seite vor dem Zulegen, da Fandi mir durch sein Verhalten deutlich gezeigt hatte, dass er noch nicht die Kraft für eine regelmäßig abrufbare Versammlung besaß.

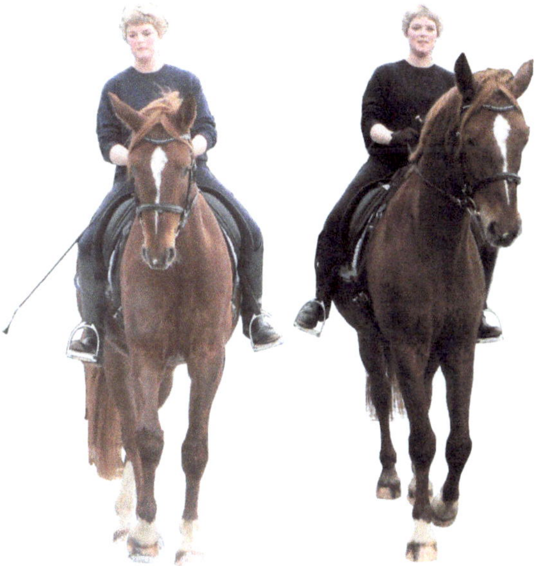

Links:
Im Schultervor fußt das innere Hinterbein zwischen die Spur der Vorderhufe. Auch ohne Bande als Begrenzung darf das Pferd dabei nicht seitlich mit dem äußeren Hinterbein ausweichen.

Rechts:
Durch das Reiten des Schultervors und des Reitens in Stellung lernt das Pferd, schmal zu fußen und Last aufzunehmen. Der Reiter bekommt durch beide Übungen vermehrt Kontrolle über die Hinterhand des Pferdes. Dadurch gelingt auch das Schulterherein auf der Mittellinie, ohne dass die Hinterhand seitlich ausweicht.
Der Reiter sollte auch beim weiter ausgebildeten Pferd aus Sicherheitsgründen eine Reitkappe tragen. Das Foto wurde zur Demonstration mit einem anderen Pferd nachgestellt.

Ich war sicher, wenn ich dies weiter so üben würde, dann würde sich der versammelte Trab bald überall abrufen lassen. Dem war auch so. Dies ist der Vorteil, wenn man als Ausbilder schon mehrere Pferde ausbilden konnte: Hat man selbst immer wieder erfahren, dass man, wenn man sich an die klassische Reitlehre hält, dem Pferd nur genug Zeit lassen muss, damit etwas klappt, so wird man immer ruhiger und souveräner in der Ausbildung werden. Doch übten wir nicht hauptsächlich die Versammlung mit Fandi, sondern fragten sie nur kurz und spielerisch nach guter Vorbereitung zwischendurch mal ab.

Die Längsbiegung auf den gebogenen Linien war mittlerweile kein Problem mehr, wobei man aber immer noch kleine Unterschiede zwischen der Längsbiegung auf der rechten und auf der linken Hand bemerkte. Im verkürzten Trab begann ich allmählich mit dem Einüben des Schultervors und des Reitens in Stellung. Dies gelang recht gut. Nach einigen Tritten begann Fandi aber etwas zu schwanken. Dies ist anfangs normal, da das darin noch ungeübte Pferd dieses schmalere Fußen der Hinterbeine nicht lange beibehalten kann. Deswegen sollte man immer nur wenige Tritte Schultervor reiten und danach wieder im Arbeitstrab geradeaus vorwärts reiten.

Als das Schultervor recht sicher auf beiden Händen gelang, nahm ich die Galopparbeit wieder mit ins Programm. Dabei galoppierte ich mit Fandi vor allem ganze Bahn am langen Zügel. Er ließ dabei wie früher im Trab den Hals nicht ganz fallen und trat nicht genug an die Hand heran. Immerhin begann er überhaupt, den früher im Galopp in der Aufrichtung völlig festgestellten Hals allmählich nach vorne und dann in die Tiefe zu dehnen. Ich versuchte, ihm dies durch Galoppieren im leichten Sitz zu erleichtern. Dass er immer noch nicht ausreichend Kraft für einen ausbalancierten Galopp besaß, war auch daran zu spüren, dass er den Reiter nicht innen sitzen ließ, vor allem auf der rechten Hand nicht. Ich nahm deswegen die Galopparbeit weiterhin nicht regelmäßig in die Ausbildung mit auf, sondern galoppierte höchstens zwischendurch eine Runde spielerisch in die Tiefe, damit Fandi lernte, dass er die größtmögliche Halsfreiheit im Galopp hatte und kein Zügel ihn einengte. Beim Angaloppieren stellte er sich weiterhin zu stark von sich aus zusammen, selbst wenn man die Hand vorschob, den Zügel lang ließ und dieser beim Angaloppieren durchhing. Auch im Galopp zeigte sich wie bei der Arbeit an der Hand wieder, dass alles, was bei der Ausbildung eines jungen Pferdes falsch gemacht wurde, wenn überhaupt nur langfristig zu korrigieren ist.

Als Vorübung zur versammelnden Trabarbeit bezogen wir die Übergänge Trab-Halten in die Arbeit mit ein. Dabei achteten wir darauf, nicht zu lange stehen zu bleiben. Denn Fandi neigte dazu, beim Anhalten sehr gut unterzutreten. Doch diese Hankenbiegung kann das junge Pferd nicht lange beibehalten. Hielten wir mit gut untergeschobener Hinterhand zu lange an, so wurde Fandi unruhig und begann, aufgrund seiner früheren Erfahrungen rückwärtszugehen. Auch achteten wir darauf, aus dem Halten immer wieder frisch vorwärts zu traben. Beim Anhalten ist es nicht in erster Linie wichtig, dass beide Hinterbeine nebeneinander zum Stehen kommen. Sondern es ist wichtig, dass die Hinterhand dabei Richtung Schwerpunkt tritt. Stehen dabei die Hinterbeine noch nicht genau nebeneinander, ist das zweitrangig und ergibt sich bei zunehmender Gymnastizierung in der Regel von selbst.

Da Fandi sich beim Halten von sich aus zu stark zusammenstellte, verlangten wir dabei anfangs nur wenig Versammlung, um Verspannungen vorzubeugen. Auch hier zeigte er von sich aus Ansätze zum Anpiaffieren, was wieder den Verdacht des früheren Anpiaffierens bestätigte. Natürlich nahmen wir dieses nicht an.

Wir bemühten uns, ganz vorsichtig die ganze Parade auszuführen. Auch das Antraben führten wir ohne jeglichen Druck und ohne irgendeine Erwartung durch. Durch dieses fast "gelangweilte" Erarbeiten der ganzen Parade und des Antrabens daraus wollten wir jegliche Erwartung vom Pferd nehmen und es so möglichst losgelassen reiten und eine zu starke Zusammenstellung verhindern. Dabei ist es wichtig, der klassischen Reitlehre zu vertrauen und darauf zu bauen, über eine geduldige Gymnastizierung und den Erhalt der ersten fünf Punkte der Skala der Ausbildung irgendwann zur Versammlung zu gelangen. Natürlich erarbeiteten wir den verkürzten Trab nicht nur aus dem Halten heraus, sondern dieses war nur eins der Mittel zur Stärkung der Tragkraft.

Mit der Zeit blieb Fandi auch beim Halten völlig gelassen. Immer wieder gaben wir dabei auch im Halten die Zügel als Belohnung ganz hin. Das geschlossene Stehen entwickelte sich von selbst. Auch die halben Tritte waren bald möglich, ohne dass Fandi sich verspannte. Dabei kamen wir aber immer wieder auf die Grundlagenarbeit zurück und setzen uns kein bestimmtes zeitliches Ziel, wann wir den versammelten Trab und die halben Tritte erarbeitet haben wollten.

Mit zunehmender Losgelassenheit knirschte Fandi immer weniger mit den Zähnen. In den ersten Monaten hing es nicht nur von den Anforderungen beim Reiten ab, ob Fandi mit den Zähnen knirschte, sondern auch von der individuellen Tagesform. Regelmäßig knirschte er zu diesem Zeitpunkt der Ausbildung noch mit den Zähnen. Ich achtete darauf, mir in der Grundlagenarbeit ausreichend Zeit zu lassen und arbeitete ihn mit viel Abwechslung. Bei den Ausritten knirschte Fandi deutlich weniger mit den Zähnen als bei der Arbeit in der Reitbahn. Im Laufe der nächsten zwei Jahre wurden die Losgelassenheit und die Anlehnung immer besser. Er trat sicherer an die Reiterhand heran und ging mit einer reellen relativen Aufrichtung. Dabei nahm er den Reiter gut in die Bewegung mit und ging ruhig, aber fleißig vorwärts. Nach zwei Jahren begann er dabei auch auf dem Gebiss zu kauen und an seinen Lippen wurde ein kleiner weißer Schaumrand sichtbar.

Seine Besitzerin trug ein gutes Stück dazu bei, dass er lernte, gut an die Reiterhand heranzutreten und dieser zu vertrauen. Die Besitzerin von Fandi hatte vorher viele Jahre Gangpferde geritten. Sie war deswegen den Schwung und das Temperament eines spanischen Pferdes anfangs nicht gewohnt. Deshalb war sie besonders vorsichtig mit der Hand. Das führte dazu, dass sie mit ihren Hilfen nicht immer durchkam und dass Fandi deswegen am Anfang der Reitstunde auch schon mal kurz über dem Zügel oder für wenige Tritte gegen den Zügel ging. Er hatte gelernt, dass die Reiterhand ihn nicht festhielt oder störte, sonst hätte er sich in solchen Situationen sofort wie früher hinter dem Zügel verkrochen. Das gegen den Zügel gehen war somit positiv zu werten und viel leichter zu korrigieren als das Gehen hinter dem Zügel. Die Reiterin brauchte ihn nur mit konsequent vortreibenden Hilfen bei tiefem, ruhigem Sitz an die Hand heranzutreiben und Fandi ging korrekt durchs Genick mit guter Anlehnung, ohne sich hinter dem Zügel zu verkriechen oder mit einem falschen Knick zu gehen.

Eine Beobachtung, die ich bei Fandi machte, als ich ihn nicht mehr täglich ritt, war folgende: Er ging unter seiner Besitzerin sehr schön, war aber nicht immer ganz an ihrem Sitz. So versuchte er erfolgreich, sich kleine Kompromisse zu erschleichen. Er ließ ihr Treiben nicht ganz durch, sodass der Arbeitstrab schon mal nicht fleißig genug war oder er drängelte zur Bande, auch wenn er auf dem zweiten Hufschlag bleiben sollte. Ritt ich ihn dann, so versuchte er dasselbe. Wenn er dann merkte, dass er damit keinen Erfolg hatte, ging er sauber im Arbeitstrab auf der gewünschten Linie. Allerdings ärgerte er sich darüber, er legte deswegen die Ohren an oder schlug ab und zu mit dem Schweif.

Hat ein Pferd gemerkt, dass es sich dem Reiter auch mal entziehen kann, so kann der nächste Reiter dies zwar korrigieren, allerdings wird das Pferd dann trotz korrekten Reitens vielleicht erst einmal nicht so zufrieden wirken, wie es gewünscht wäre. Dagegen hilft nur, sich als Reiter immer wieder zu korrigieren, bis der fleißige Arbeitstrab am Sitz des Reiters wieder selbstverständlich geworden ist. Gelingt dieser wieder sicher, so wird sich das Pferd auch nicht mehr darüber ärgern, dass es seine Kompromisse nicht mehr durchsetzen kann und mit aktiver Hinterhand traben muss und deswegen auch wieder zufrieden dabei wirken.

Dies habe ich bei anderen Pferden ähnlich erlebt. Um sich selbst zu kontrollieren, ob man das Pferd wirklich gut am Sitz hat und vor allem auch über diesen wendet, ist das Reiten auf dem zweiten Hufschlag hilfreich. Man sollte also immer wieder mal eine lange Seite auf dem zweiten Hufschlag reiten. Selbstverständlich ist dies nur bei Pferden empfehlenswert, die schon geradeaus unter dem Reiter mit Anlehnung in der Tiefe wie in Aufrichtung im Gleichgewicht gehen können.

Das regelmäßige Reiten auf dem zweiten Hufschlag an einer langen Seite führte dazu, dass Fandis Besitzerin ihn mit den Schenkeln mehr einrahmte und jedes Drängeln nach innen oder außen besser registrierte und konsequenter korrigierte. Fandi versuchte dabei anfangs immer wieder, auf den ersten Hufschlag zu drängen. Interessanterweise fiel ihm das Gehen auf dem zweiten Hufschlag auf dem Außenplatz deutlich schwerer als in der Reithalle. Während es ihm in der Halle schon sicher gelang, so hatte man auf dem Reitplatz in den ersten Monaten das Gefühl, er würde an den langen Seiten ständig leicht von rechts nach links schwanken. Vielleicht lag es daran, dass der Reitplatz nur von einem normalen Zaun begrenzt wurde. Die Reithalle dagegen besaß eine Bande bis zum Boden und vielleicht reichte diese optische Führung am Hufschlag aus, um Fandi beim Geradeausgehen zu helfen. Seine Besitzerin konnte das Schwanken korrigieren, musste aber dabei darauf achten, dass sie nicht vergaß, das Vorwärts zu erhalten. Ist man damit beschäftigt, das seitliche Drängeln zu verhindern, so merkt man oft nicht, dass das schwunghafte Gehen verloren geht und das Pferd sich nicht mehr vor den treibenden Hilfen befindet. Um das Pferd richtig am Sitz zu haben, müssen aber alle Hilfen durchkommen.

Als Fandi sechsjährig war, benötigte ich ein Foto von einem Pferd, welches mit einem falschen Knick geht, für die Neuauflage meines Buches "Ausbildung junger Pferde." Ich dachte sofort an Fandi, der beim Verkäufer häufig so gegangen war. Ich ritt ihn für den Fototermin und es stellte sich heraus, dass es gar nicht mehr so einfach war, Fandi zum falschen Gehen zu bringen. Schließlich hatten wir das passende Foto aufgenommen, wenn auch der falsche Knick nicht so deutlich ausfiel, wie er früher bei ihm zu sehen war. Früher fiel schon alleine durch die Form der Bemuskelung auf, dass er immer mit einem falschen Knick geritten worden war.

Mit zunehmender Ausbildung trat das Zähneknirschen auch bei größeren Anforderungen nicht mehr auf. Dies war ein gutes Zeichen, dass Fandi auch die Kieferpartie nicht mehr verspannte. Dass das Zähneknirschen überhaupt soviel besser werden würde, hätte ich damals nicht gedacht, als Fandi von seiner jetzigen Besitzerin gekauft wurde. Hat ein Pferd sich das Zähneknirschen einmal angewöhnt, so muss man damit rechnen, dass es bei Stress immer mal wieder auftritt, zum Beispiel beim Reiten in einer fremden Umgebung.

Nachdem wir im verkürzten Trab auch Schultervor, das Reiten in Stellung und das traversartige Zirkel verkleinern und schulterhereinartige Vergrößern erarbeitet hatten, nahmen wir den Galopp wieder mit in das Trainingsprogramm auf. Dabei galoppierten wir immer noch nicht in jeder Trainingseinheit. Hatte ich den Eindruck, dass Fandi durch den Galopp doch noch einmal an Losgelassenheit verlor, so unterließen wir das Galoppieren in dieser Stunde.

Wie bereits weiter oben beschrieben, geriet Fandi im Galopp immer mal wieder bedingt durch leichte Sitzfehler der Besitzerin aus dem Gleichgewicht. Doch mit zunehmender Sitzkorrektur wurde der Galopp in den nächsten Monaten immer besser. Es ist also wichtig zu erkennen, wo die Ursache des Problems liegt. Fandi neigte im Galopp während der ersten Galoppsprünge unter seiner Besitzerin immer mal wieder dazu, sich etwas einzurollen oder sich auf den Zügel zu legen. Keinesfalls durfte hier das Pferd durch Aufwärtsparaden korrigiert werden. Vielmehr mussten wir den Sitz seiner Reiterin verbessern. Diese klemmte etwas mit den Knien und Oberschenkeln und sie stellte sich in der Hüfte fest und trieb mit schiebendem Gesäß. Dadurch kam ihre treibende Hilfe nicht durch und deswegen hatte sie das Pferd nicht vor den Hilfen. Aus diesem Grund trug sich Fandi nicht mit dem Genick als höchstem Punkt und der Stirn-Nasenlinie leicht, aber sichtbar vor der Senkrechten, sondern die Stirn-Nasenlinie war fälschlicherweise in der Senkrechten bei zu loser Verbindung zwischen Reiterhand und Pferdemaul. Ich ritt Fandi zwischendurch selbst und stellte fest, dass der Galopp gut klappte, wenn ich möglichst losgelassen und korrekt saß.

Wir korrigierten also in den nächsten Monaten folglich nicht vorrangig das Pferd, sondern arbeiteten am Reitersitz. Dabei sahen wir stetig Verbesserungen, stießen aber immer wieder an Grenzen, die Fandis Besitzerin amüsiert-gelassen mit "das kann ich noch nicht" kommentierte. Denn sie konnte sich ja nicht nur auf die Sitzkorrekturen konzentrieren, sondern sie musste von ihrer Konzentration her gleichzeitig ganz beim Pferd sein und dieses mit ihren Hilfen unterstützen. Dass das nicht immer gleich gut klappt, ist beim Reiten völlig normal. Aber um sich beim Reiten zu verbessern ist Selbstkritik unverzichtbar. Diese sollte nicht vernichtend sein, sondern nach dem Motto "ich kann das noch nicht, werde aber weiter daran arbeiten". Bin ich zu kritisch, nehme ich mir selbst den Mut zum Weiterlernen. Glaube ich, schon alles zu können, so werde ich mich nicht mehr bemühen, mich deswegen reiterlich nicht mehr verbessern und es werden sich weitere Fehler einschleichen.

Leider ist Selbstkritik heutzutage beim Reiten selten geworden. Zeigt jemand seine reiterlichen Schwächen, so macht er sich damit angreifbar, was gerne ausgenutzt wird. Dabei hat ohne Ausnahme jeder im reiterlichen Bereich verbesserungswürdige Schwächen, da man im Reitsport ein Leben lang nie auslernt.

Auch ich selbst stelle immer wieder fest, dass es sehr gute und weniger gute Tage gibt. Ist es zum Beispiel eisig kalt und bin ich ganz durchgefroren, so werde ich beim Reiten keine Höchstleistungen bringen können. Dagegen gibt es Tage, da ist die Übereinstimmung zwischen mir und meinem Pferd so gut, dass ich das Gefühl habe, mein Pferd könnte Gedanken lesen. So eine Übereinstimmung spüre ich natürlich häufiger mit meinem eigenen Pferd als mit einem fremden Pferd, weil ich mit meinen Pferden durch den täglichen Umgang besser eingespielt bin.

Solche "Gedankenlesetage" sind die Höhepunkte beim Reiten. Dabei kann ich diese nicht nur in der Reitbahn erfahren. Ganz im Gegenteil, es gibt kaum etwas Schöneres, als wenn ich durchs Gelände galoppiere, das Gefühl habe, mein Pferd erfreut sich ebenfalls an der schnellen Gangart, ist aber gleichzeitig ganz entspannt und lässt sich auch mit leichtesten Hilfen zurücknehmen. Habe ich beim Reiten eine gesunde selbstkritische Einstellung, so wird mir diese Einstellung auch im Leben weiterhelfen.

Als Fandi fast sieben Jahre alt war, begann ich mit ihm mit den Vorbereitungen für die halben Tritte. Dies kann ich natürlich nicht mit jedem sechsjährigen Pferd machen, denn gerade Pferde, die vom Körperbau her weniger ideal sind, werden sechsjährig damit überfordert sein. Ich ging so vorsichtig vor wie bei den Anfängen der Versammlung. Ich nahm mir nicht fest vor, sie an einem bestimmten Tag zu üben, sondern schaute nach dem Lösen, was heute Sinn machen würde zu üben und in welcher Stimmung Fandi war. War er nicht so losgelassen wie üblich, so ließ ich zum Beispiel die Galopparbeit weg, weil bei dieser aus seinen alten Erfahrungen heraus die Gefahr bestand, dass er die Losgelassenheit noch mehr verlor.

War er in der Trabarbeit schön schwungvoll, behielt aber die nötige Ruhe um sich treiben zu lassen, so bereitete ich nach der Versammlung vorsichtig das Einüben der halben Tritte vor. Dies geht auf reelle

Weise nur, wenn das Pferd nicht unter dem Reiter wegeilt, damit der Reiter zum Treiben kommt und so die erhöhte Versammlung von hinten nach vorne erarbeiten kann.

Wie den versammelten Trab, so entwickelten wir die halben Tritte auch am Anfang der langen Seite, um daraus zulegen zu können. Ich trieb dabei manchmal vom Boden aus ganz leicht mit, während seine Besitzerin Fandi ritt. Immer wieder belohnte ich Fandi mit einem Leckerli, damit er sein Misstrauen bei der Arbeit an der Hand ganz verlor. Doch auch ohne Hilfe vom Boden aus entwickelten sich die halben Tritte gut. Ich ritt die halben Tritte nur, wenn ich merkte, dass ich Fandi ganz am Sitz hatte und treiben konnte, ohne dass er wegeilen wollte oder sich auf die Hand legte. Ich musste das Gefühl haben, dass ich seine Hinterbeine vermehrt unter den Schwerpunkt treiben konnte, ohne dass er sich verspannte. Natürlich durfte er sich dabei auch nicht hinter dem Zügel verkriechen, sondern er musste vor den Hilfen bleiben, so dass ich das Gefühl hatte, er würde vor dem Sattel etwas wachsen. Fandi musste dafür also einerseits elektrisch am Schenkel und trotzdem innerlich möglichst entspannt sein.

Ich fragte den Beginn der halben Tritte, als wir mit diesen vorsichtig begannen, ungefähr einmal in sechs Wochen ab, also eher selten, um das Pferd nervlich und körperlich nicht zu überfordern. Das Einüben der halben Tritte zeigt, dass ich als Reiter immer wieder neu darüber nachdenken muss, was heute Sinn macht zu üben und ob das Pferd an dem heutigen Tage auch die körperliche Kraft und seelische Gelassenheit für die Übungen mitbringt. Ich darf als Reiter in der Pferdeausbildung also nicht das reiten, was mir am meisten Spaß bereitet, sondern das, was für das Pferd am sinnvollsten ist. Deswegen ist es wichtig, einen Ablauf der Ausbildung im Kopf zu haben, diesen Ablauf aber ständig individuell dem Pferd, dem Reiter und den Gegebenheiten anzupassen.

Siebenjährig zeigte Fandi Probleme im Galopp. An manchen Tagen gelang das Galoppieren ruhig und losgelassen. Doch ab und zu nahm er seiner Besitzerin die Hand und galoppierte ganze Bahn statt auf dem Zirkel zu bleiben. Dabei tauchte er im Genick nach unten ab, legte sich auf den Zügel, erhöhte das Tempo und ließ sich nur schwer durchparieren. Von unten betrachtet sah die Reaktion des Pferdes nicht so heftig aus. Zur Korrektur setzte ich mich während einer Reitstunde selbst auf Fandi, nachdem er im Galopp einfach ganze Bahn statt Zirkel galoppierte, sich dabei auf den Zügel legte und das Tempo etwas erhöhte. Nachdem ich einige Runden getrabt war, galoppierte ich ihn an. Fandi versuchte auch bei mir, sich heftig auf den Zügel zu legen und Weg und Tempo selbst zu bestimmen. Dabei fühlte sich seine Reaktion von oben deutlich heftiger an als sie von unten aussah. Ich setzte mich tief in den Sattel, fing ihn mit einigen energischen halben Paraden ab und trieb ihn weiter, um das auf den Zügel legen zu korrigieren. Als Fandi korrekt reagierte und sich wieder mit dem Genick als höchstem Punkt trug, gab ich deutlich nach, um seine richtige Reaktion zu belohnen. Fandi kam dadurch gleichzeitig im Tempo zurück, weil er durch die nun korrekte Aufrichtung auch sein Gleichgewicht wiederfand, welches vorher durch das nach unten ziehen gestört wurde.

Fandi merkte, dass die Haltung in der korrekten Aufrichtung deutlich angenehmer war als der Zustand vorher und bemühte sich, dieses so beizubehalten und meinen Hilfen zu folgen. Ich bemühte mich, im Gleichgewicht zu sitzen und ihn keinesfalls zu stören. Durch diesen Ritt wurde mir wieder deutlich, wie wichtig es sein kann, sich selbst immer mal wieder auf das auszubildende Pferd zu setzen, da ein Pferd sich von oben häufig anders anfühlt als es von unten aussieht.

Besonders wichtig ist es, bei solchen Ritten die Ursache des Problems herauszufinden. Auf keinen

Fall darf ich mich als Ausbilder mit der Einstellung auf das Pferd setzen, das Pferd wäre Schuld oder nur unwillig. So ein Ritt ist also dazu da, sich in das Pferd einzufühlen und nicht, sich auf Kosten des Pferdes zu profilieren. Natürlich ist die Erwartung an den Ausbilder in solchen Situationen besonders hoch und er möchte eine gute Figur machen, doch sollte er sich davon nie unter Druck setzen lassen. Beim Angaloppieren spürte ich, dass Fandi schief wurde, nach außen drängte und dadurch sein Gleichgewicht verlor und versuchte, dies durch schneller werden auszugleichen. Ich achtete also beim Angaloppieren und im Galopp auf das Geraderichten und darauf, dass er sich selbst trug. Nach wenigen Runden galoppierte Fandi ruhig dahin, auch mit einhändiger Zügelführung und auf dem zweiten Hufschlag. Bei solchen Korrekturen muss ich als Ausbilder immer darauf achten, das zu reiten, was sinnvoll ist. In diesem Fall war es wichtig, nicht zu lange zu galoppieren, auch wenn es noch soviel Spaß machte, sondern lieber nur ungefähr zwei Runden zu galoppieren, weil Fandi sonst an Kraft verloren hätte und der Galopp wieder schlechter geworden wäre. Außerdem spürte ich beim Angaloppieren, dass Fandi kurz versuchte, mich aus dem Sattel zu ziehen. Ich musste einige Galoppsprünge deutlich gegensitzen, um das zu verhindern, um dann sofort weich in der Bewegung mitzugehen, als er aufhörte zu ziehen. Diesen Fehler durfte ich nicht dem Pferd ankreiden. Da Fandis Besitzerin vorher jahrelang nur ein Pferd besaß, welches so gut wie gar nicht im Galopp gearbeitet wurde und eine sehr flache und eilige, wenig durchgesprungene Galoppade besaß, hatte sie wenig Erfahrung im Galopp und musste sich erst auf Fandis sehr schwungvolle und raumgreifende Galoppade einstellen.

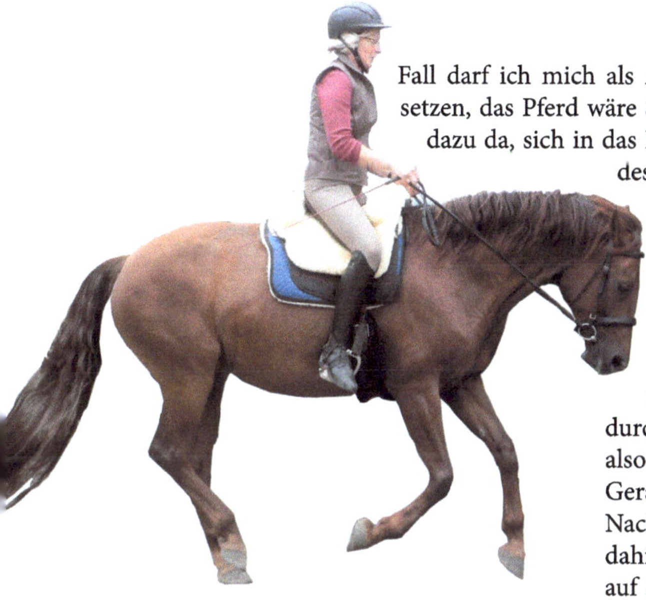

Das Foto wurde zur Demonstration mit einem anderen Pferd nachgestellt: Die Reiterin klemmt mit dem Schenkel, das Pferd kommt aus dem Gleichgewicht und legt sich auf den Zügel.

Da sie immer besonders vorsichtig sein wollte, gab sie direkt nach, als Fandi sich im Galopp leicht auf den Zügel legte und schneller wurde. Das führte dazu, dass er begann, sich stärker auf den Zügel zu

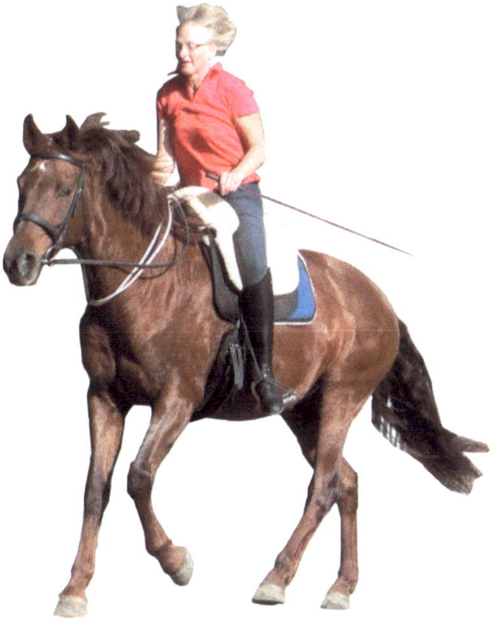

Reiten mit Halsring macht nicht nur Spaß, sondern verbessert den zügelunabhängigen Sitz. Im Vergleich zum Foto vorher galoppiert das Pferd hier deutlich bergauf und bleibt losgelassen. Die Reiterin sollte aus Sicherheitsgründen eine Reitkappe tragen.

legen. Dadurch wurde die Besitzerin mit dem Gesäß etwas aus dem Sattel gezogen und kippte mit dem Oberkörper leicht nach vorne. Dies brachte Fandi noch mehr aus dem Gleichgewicht und die Besitzerin konnte durch den unkorrekten Sitz nicht mehr richtig einwirken, so dass Fandi dadurch nicht mehr an den Hilfen stand und noch schneller wurde. Als er dadurch öfter gemerkt hatte, dass er Weg und Tempo durch das auf den Zügel legen selbst bestimmen konnte, so probierte er es immer mal wieder aus. Im Grunde sind solche Probleme also häufig selbst gemacht.

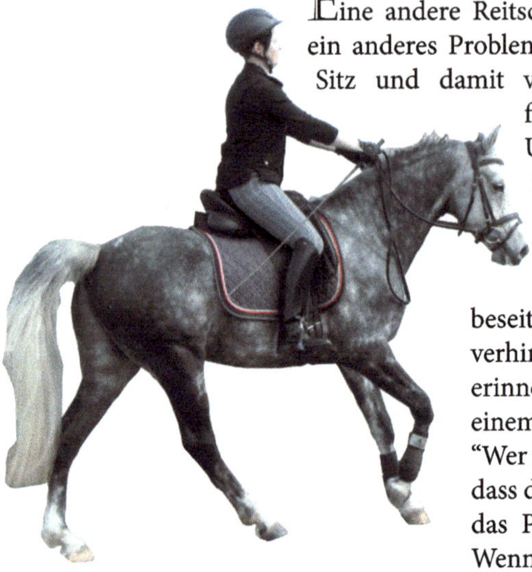

Überstreichen im Galopp, die Selbsthaltung bleibt erhalten. Das Foto wurde zur Demonstration mit einem anderen Pferd nachgestellt.

Eine andere Reitschülerin von mir hatte mit ihrem Pferd einmal ein anderes Problem, welches aber auch auf kleine Fehler in ihrem Sitz und damit verbundene mangelnde Einwirkung zurückzuführen war. Nachdem sie gespürt hatte, dass die Ursache bei ihr lag, kommentierte sie das Problem immer, wenn es noch einmal auftrat, mit einem trockenen humorvollen, unschuldigen "Von wem er das wohl hat?", zu ihrem Pferd, wohl wissend, dass die Ursache und damit die Fehlerbeseitigung bei ihr lag. So eine humorvolle Sichtweise verhindert, solche Probleme verbissen anzugehen und erinnert immer daran, dass der Fehler meistens bei einem selbst liegt. Diese Erinnerung durch den Spruch "Wer hat dem Pferd das wohl beigebracht?" verhindert, dass der Reiter dem Pferd die Schuld gibt und versucht, das Problem mit Kraft oder Aggressivität zu lösen. Wenn ein Pferd etwas gut gelernt hat, sorgt die Frage "Wer hat dem Pferd das wohl beigebracht?" dafür, dass man Lernerfolge auch seinen eigenen Bemühungen zuschreiben darf.

Nachdem ich Fandi galoppiert hatte, stieg seine Besitzerin wieder auf. Nachdem sie ihn im Trab vorbereitet hatte, galoppierte sie an. Ich unterstützte sie mit Anweisungen und Bildern, wie, sie solle sich vorstellen, dass sie nur die Gangart wechseln, aber nicht das Tempo erhöhen solle. Dabei sollte Fandi nicht in den Galopp hineinspringen, sondern quasi in den Galopp hineingleiten. Fandis Besitzerin setzte dies gut um und konnte Fandi ebenso ruhig und mit korrekter Aufrichtung im Gleichgewicht auf beiden Händen galoppieren wie ich. Wir beschlossen, dass in der nächsten Zeit immer erst ich den Galopp entwickeln sollte und wir dann tauschen würden.

Ist die Korrektur des Galopps noch nicht gesichert, so kann es sonst passieren, dass sich durch die Korrektur des Galopps Fehler im Trab einschleichen. So versuchte Fandis Besitzerin anfangs auch mal alleine, den Galopp so ruhig zu entwickeln. Da Fandi dabei immer mal wieder dazu neigte, über die Schulter auszuweichen und ganze Bahn zu galoppieren und schneller zu werden, musste sie ihre Hilfen energischer geben, um diese Angewohnheit zu durchbrechen. Das führte aber dazu, dass sie im Trab die Hilfen zu deutlich gab. Dadurch ging Fandi in der nächsten Reitstunde anfangs immer mal wieder mit einem falschen Knick. Der Reiter muss also bei Problemen fühlen, wie deutlich er seine Hilfen geben muss. Er muss aber sofort mit diesen aussetzen beziehungsweise weicher werden, wenn das Pferd reagiert.

In diesem Fall musste Fandis Besitzerin zwischen Trab und Galopp deutlich unterscheiden. Während im Trab Pferd und Reiter schon häufig eine Einheit bildeten, musste seine Besitzerin bei den ersten Galoppsprüngen mit den Hilfen deutlicher werden, um durchzukommen. Allerdings besteht auch hier im Galopp die Korrektur aus einem ständigen Wechsel zwischen der Hilfengebung und dem Aussetzen der Hilfen und/oder Nachgeben. Jede kleinste Reaktion muss dadurch sofort belohnt werden. Keinesfalls darf der Reiter sich festziehen, sondern er muss jeden kleinen Fortschritt im Galopp erfühlen.

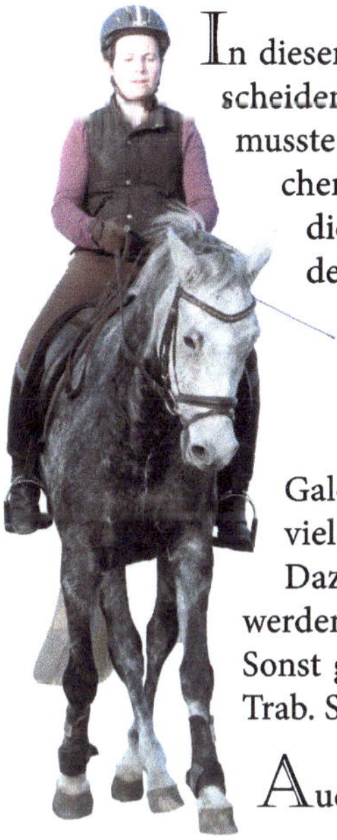

Nicht korrekt: In der Traversale verwirft sich hier das Pferd leicht und das Genick ist nicht mehr der höchste Punkt. Das Foto wurde mit einem anderen Pferd nachgestellt.

Auf keinen Fall durfte Fandis Besitzerin das Gefühl aus den ersten Galoppsprüngen in den Trab mitnehmen. Denn im Trab waren Pferd und Reiter viel ausbalancierter als im Galopp und es bedurfte nur kaum sichtbarer Hilfen. Dazu gehörte auch, dass Probleme nicht in den Rest der Stunde mitgenommen werden dürfen, hier also nicht vom Galopp auf den Trab übertragen werden dürfen. Sonst gibt der Reiter die Hilfen fälschlicherweise zu stark und stört dadurch den Trab. So können Fehler im Trab entstehen, die vorher nicht da waren.

Auch darf der Reiter niemals hauptsächlich den Fokus auf das richten, was noch nicht klappt. Bei Fandi machte das, was nicht immer sicher klappte, höchstens zehn Prozent der Trainingseinheit aus, während die gesamte Schritt- und Trabtour einschließlich Seitengängen und Versammlung sehr gut klappte und neunzig Prozent ausmachte. Denkt der Reiter dagegen nur an die noch nicht guten zehn Prozent, so ärgert er sich ungerechtfertigterweise, überträgt dies auf das Pferd und hält es als Folge vielleicht fest oder stört es, indem er nicht genügend in der Bewegung mitschwingt.

Im Trab ging Fandi weiterhin auch bei seiner Besitzerin durchgängig sehr gut. Besonders die Seitengänge wurden immer geschmeidiger. Diese hatten wir ausgiebig durch das Reiten in Stellung und das Zirkelverkleinern und -vergrößern vorbereitet. Diese Übungen hatten wir so lange geritten, bis Fandi auf beiden Händen gleich geschmeidig war und die leichten Hilfen durchlässig annahm. Anfangs behielten wir immer nur für wenige Tritte die Seitengänge bei. Wir mussten aufpassen, dass Fandi dabei nicht an Schwung verlor. Dies äußerte sich dann auch darin, dass die Anlehnung zu lose wurde oder dass Fandi im Seitengang nicht mehr gleichmäßig an beide Zügel herantrat. Verlor er durch zu viele Tritte seitwärts die Losgelassenheit, so begann er auch, sich zu verwerfen.

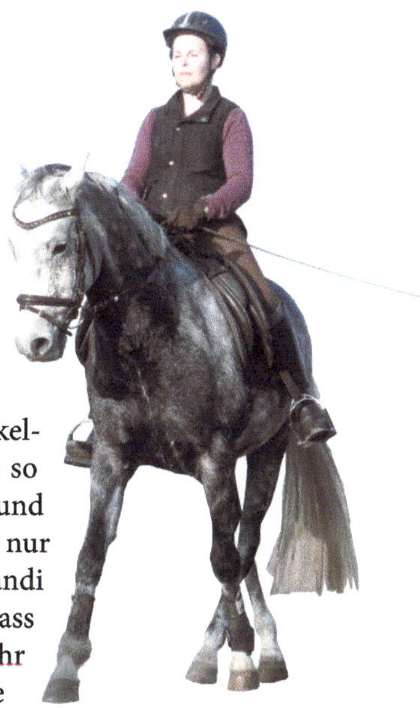

Korrekte Traversale. (nachgestellt)

Wir ritten also über den Zeitraum von ungefähr einem dreiviertel Jahr immer wieder die Seitengänge nur in Ansätzen beziehungsweise immer wieder auch nur in Stellung auf der Mittellinie. Außerdem verbesserten wir weiterhin auf der geraden Linie Schwung und Versammlung. Wichtig ist es, sich nicht von einem talentierten Pferd wie Fandi dazu verleiten zu lassen, zu viele Tritte seitwärts zu reiten. Da er mit feinen Hilfen seitwärts ging und man kaum eine Verschlechterung des Seitwärts spürte, wenn er sich zum Beispiel etwas verwarf oder die Anlehnung zu lose wurde, könnte man dazu geneigt sein, einfach weiter im Seitengang zu reiten. Aber es geht ja in der klassischen Reitlehre nicht darum, alle Lektionen irgendwie zu reiten, sondern auch auf die Feinheiten zu achten, die dann erst zusammen ein wirkliches harmonisches Gesamtbild und gutes Bewegungsgefühl ergeben. Wir mussten also während der Ausbildung immer auf Pferd und Reiter als Ganzes achten und nicht zum Beispiel nur auf ein Detail in einer Lektion wie zum Beispiel das Kreuzen der Beine in der Traversale, weil das alleine noch keine korrekte Traversale ergibt.

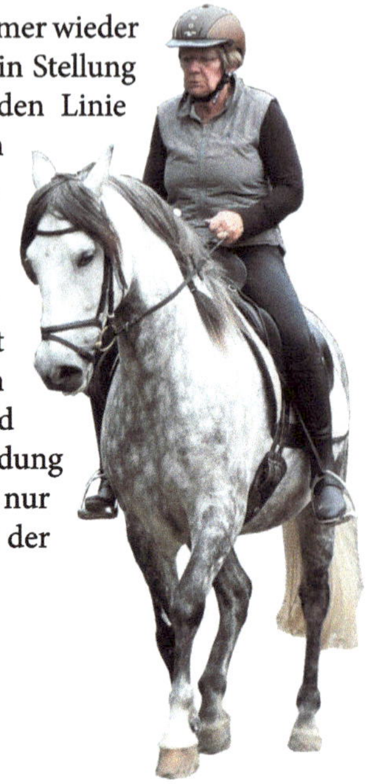

Beginn des Schulterhereins auf der Mittellinie. Dabei darf die Hinterhand auf keinen Fall seitlich ausweichen, sondern das Pferd muss, wie auf dem Foto, weiterhin Richtung Schwerpunkt fußen. Das Foto wurde mit einem anderen Pferd nachgestellt.

Durch diese geduldige Arbeit mit nur wenigen Tritten seitwärts in den vergangenen Monaten konnte Fandi den Schwung in den Seitengängen nun deutlich besser beibehalten. Seine Besitzerin achtete in den Seitengängen jetzt vor allem darauf, genügend vorwärts zu denken und kaum seitwärts. Dadurch trat Fandi jetzt auch in den Seitengängen deutlich gleichmäßiger an beide Zügel heran und trug sich sehr gut mit dem Genick als höchstem Punkt.

Fandi war zu diesem Zeitpunkt sieben Jahre alt. Er war sehr geschmeidig geworden. Dass er sich vierjährig auf der rechten Hand gar nicht längsbiegen konnte, war im Trab so gut wie nicht mehr zu spüren. Nur im Galopp zeigten sich noch deutlichere Unterschiede zwischen der rechten und der linken Hand. Dass Fandi jetzt auf beiden Händen im Trab eine sehr gute Längsbiegung zeigte, obwohl er zu Beginn der Ausbildung auf der rechten Hand sich gar nicht biegen konnte, beweist, dass die klassische Reitlehre bei korrekter Ausführung ohne Kraftanwendung zu geschmeidigen Pferden führt. Durch viele Wiederholungen des Reitens gebogener Linien, durch Schultervor und das Reiten in Stellung wurde Fandi so gymnastiziert, dass er immer biegsamer wurde. Das heute leider übliche Durchstellen des Halses durch Kraftanwendung mit der Reiterhand ist also überflüssig, es blockiert die Hinterhand, zerstört das Vertrauen zur Reiterhand und schafft lose Hälse, aber keine Biegung des gesamten Pferdekörpers.

Als Fandis Sattel zur Änderung gegeben wurde, weil er nicht mehr passte, führten wir stattdessen eine Trainingseinheit in der Longierhalle an der Longe durch. Seine Besitzerin gab an, dass Fandi sich nicht immer gut auf den Zirkel hinaustreiben ließ, sondern immer mal wieder auf einer kleinen Volte um sie herumlief. Wir hatten Fandi dazu nur mit Kappzaum ausgerüstet. Ich longierte Fandi an. Er ging gehorsam in ruhigem Schritt von mir weg. Als er ganz leicht mit seiner inneren Schulter zu mir drängte, hielt ich die Longierpeitsche auf Höhe seiner inneren Schulter und trieb ihn so hinaus. Er reagierte sofort und ich nahm sofort die Peitsche wieder auf Höhe der Hinterhand.

Fandis Besitzerin hatte zugeschaut und verglichen, was sie anders machte als ich. Sie hatte nicht darauf geachtet, auch die Schulter herauszutreiben, wenn Fandi zu ihr drängte. Stattdessen hatte sie immer nur auf Höhe der Hinterhand getrieben, sodass Fandi schneller wurde, aber auf einer Volte blieb. Nun longierte sie selbst Fandi neu an und nahm kurz die Longierpeitsche auf Höhe seiner inneren Schulter, wenn er zu ihr drängte. Fandi reagierte sofort durch kurzes Zeigen der Longierpeitsche auf seine innere Schulter, in dem er nach außen auf die Zirkellinie ging.

Nicht immer lassen sich Probleme in der Ausbildung so leicht lösen. Besonders wertvoll sind die Lösungen, bei denen das Pferd ruhig bleibt und der Ausbilder mit Ruhe und Geduld die Lösung herbeiführen kann. Hätte ich nicht erkannt, dass ich die Longierpeitsche nur einmal an einer anderen Stelle als an der Hinterhand einsetzen muss, um meine Körpersprache zu verdeutlichen, so hätte ich vielleicht fälschlicherweise durch hektisches Heraustreiben auf Höhe der Hinterhand versucht, Fandi nach außen zu treiben. Selbst wenn das irgendwann funktioniert hätte, so hätte ich das Pferd dadurch unruhig gemacht und hätte ihm unrecht getan. Ich wäre dann danach damit beschäftigt gewesen, wieder Ruhe ins Pferd zu bringen. Durch die Lösung des Heraustreibens auf Schulterhöhe blieb Fandi gelassen, sodass wir die Longenarbeit mit einem ruhigen Pferd beginnen konnten, welches nach wenigen Runden losgelassen um uns herumtrabte.

Immer wieder in der Pferdeausbildung muss ich nicht vor allem daran arbeiten, wie das Pferd geht, sondern daran, dass der Reiter möglichst korrekt sitzt und sein Pferd dadurch in seinem Gleichgewicht nicht behindert. Das gilt natürlich auch für mich selbst. Bei Fandi taten wir dies beispielsweise, als wir am Schwung arbeiteten. Nachdem Fandi mit beidhändiger Zügelführung sicher die Tritte verlängerte, übten wir dies mit einhändiger Zügelführung. Fandi neigte bei einhändiger Zügelführung eher dazu, langsamer zu werden. Durch das Tritte verlängern sollte Fandi lernen, ruhig, aber schwungvoll zu gehen, auch mit einhändiger Zügelführung. Schwung wird leider heutzutage immer in Verbindung mit Spannung gebracht. Schwung in der klassischen Reitlehre bedeutet aber, dass das Pferd fleißig ohne dauerndes Treiben, aber auch völlig zwanglos und unaufgeregt geht und die Selbsthaltung beibehält. Schwung ist auch Kraftsache und diesen sollte Fandi durch das Zulegen bei einhändiger Zügelführung entwickeln. Außerdem sollte der Reiter dadurch das korrekte Gefühl bekommen, dass das Pferd mit langen Tritten fleißig auf feinste Hilfen dahintrabt, dabei aber völlig ruhig und am Sitz bleibt.

Fandis Besitzerin neigte beim Tritte verlängern dazu, sich mit dem Oberkörper nach hinten zu lehnen und zu stark zu treiben, sodass sie die Knie etwas hochzog. Das nach hinten Lehnen führte dazu, dass sie zu schwer einsaß und Fandi deswegen den Rücken wegdrückte und sich etwas heraushob. Um das zu korrigieren und Fandi in der Vorwärtsbewegung zu unterstützen, versuchten wir, vermehrt in die Bewegung zu sitzen. Dazu sollte Fandis Besitzerin sich mit dem Oberkörper minimalst nach vorne lehnen und sich dadurch in die Vorwärtsbewegung vermehrt einfühlen.

Dieses vermehrte in die Bewegung sitzen kann auch bei Pferden mit empfindlichen Rücken hilfreich sein. Wichtig ist, dass der Reiter dabei die Körperspannung behält und einen gefestigten Grundsitz hat, sonst kann dieses vermehrte Einsitzen dazu führen, dass der Reiter nur noch nach vorne fällt und dabei vielleicht die positive Körperspannung verliert und somit Sitz und Einwirkung auf Dauer verloren gehen.

Fandis Besitzerin konnte aber gut erfühlen, wie sie das Eingehen in die Bewegung ausführen musste, ohne den Sitz zu verlieren und dass Fandi dadurch besser und losgelassener die Tritte verlängern konnte. Merkt der Reiter bei solchen Sitzkorrekturen, wie sich sein Bewegungsgefühl dadurch verbessert und wie er dabei harmonischer mit dem Pferd zusammenwächst, so wird er auch die Motivation und Freude an diesen Korrekturen behalten.

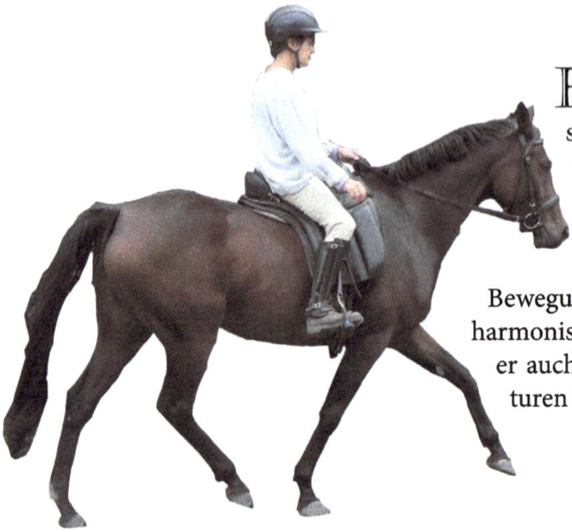

Tritte verlängern mit einhändiger Zügelführung bei guter Rahmenerweiterung. Das Foto wurde zur Demonstration mit einem anderen Pferd nachgestellt.

Als Fandi siebeneinhalb war, nahmen wir das Thema halbe Tritte immer mal wieder bewusst in die Reitstunden mit auf. In den Monaten vorher hatten wir vor allem an dem versammelten Trab und den Seitengängen im versammelten Trab gearbeitet. Nach dem Lösen erarbeiteten wir den Mitteltrab mit einhändiger und beidhändiger Zügelführung, um diesen Schwung in die Versammlung mitnehmen zu können. Danach parierten wir am Anfang einer langen Seite mehrmals zum Anhalten durch. Dabei versammelten wir den Trab vor dem Anhalten immer mehr und achteten darauf, die Parade zum Halten von hinten nach vorne zu reiten. Daraus trabten wir wieder an und legten an der gegenüberliegenden langen Seite zum Mitteltrab zu. Zwei bis drei Mal richteten wir auch rückwärts, um die Hankenbiegung zu verbessern. Dies durften wir aber nicht zu oft machen, damit Fandi nicht zu viel Last aufnahm und vor den Hilfen blieb. Nachdem wir ungefähr drei Mal angehalten hatten, bot Fandi beim Antraben von sich aus die halben Tritte an. Da er dabei ganz leicht in der Hand und losgelassen blieb und sich weiter treiben ließ, versuchte seine Besitzerin, ihn noch mehr Richtung erste Piaffetritte zu versammeln. Fandi machte willig mit, nahm aber dabei zu viel Last auf und geriet hinter die treibenden Hilfen. Die so wichtige Vorwärtstendenz ging verloren, erkennbar war dies auch am rückständigen Vorderbein. Durch die fehlende Vorwärtstendenz konnten die Beine nicht ausreichend abfußen.

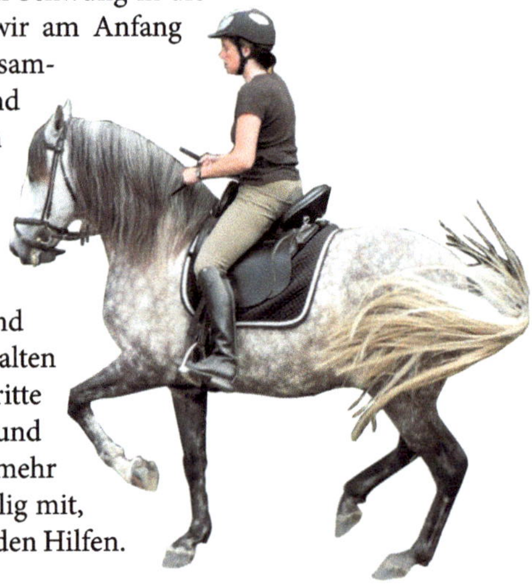

Piaffe. Das Schlagen mit dem Schweif deutet darauf hin, dass sich das Pferd im Rücken festhält. Keinesfalls darf dann mit der versammelten Arbeit fortgefahren werden, sondern es muss erst wieder die Losgelassenheit hergestellt werden. Das Foto wurde mit einem anderen Pferd nachgestellt.

Um das zu starke Versammeln zu korrigieren, nahmen wir nun die Versammlung nicht in dem Maße an, wie Fandi sie anbot, sondern ritten immer eine Idee mehr vorwärts. Keinesfalls darf der Reiter eine zu starke Versammlung annehmen, weil diese immer zum Verlust der Losgelassenheit führen wird. Durch das vermehrte Vorwärtsdenken in den halben Tritten wurde erreicht, dass Fandi lebhafter fußte. Er trat mehr unter und wurde dadurch freier in der Vorhand.

Allerdings konnten wir dies nur ganz kurz üben. Denn Fandi zeigte wie schon früher bei der Handarbeit, dass ihn diese Form der Arbeit drohte, nervlich noch zu überfordern. Wenn wir dies zu lange übten, gab er den Rücken nicht mehr ganz her und schlug mit dem Schweif. Es machte also keinen Sinn, die Versammlung dann weiter zu fordern.

Auch wenn Fandi dabei noch so willig erschien und leicht in der Hand blieb, so darf der Reiter doch die anderen Signale des Pferdes nicht übersehen. Egal, wie viel Spaß solche hohen Lektionen dem Reiter machen, so muss er sich doch nach seinem Pferd richten. Nach diesen ersten guten kurzen Piaffetritten wiederholten wir diese in den nächsten Wochen kein einziges Mal, sondern widmeten uns weiterhin der Verbesserung der vorbereitenden Lektionen wie dem Halten, dem Rückwärtsrichten und dem versammelten Trab.

Solche schwierigen Lektionen sollten beim jungen Pferd nur in einem Rhythmus von einmal in sechs bis acht Wochen wiederholt werden. Reite ich diese nämlich zu oft, so wird sich das Pferd in Erwartung dieser schwierigen Lektionen mit hoher Versammlung immer mehr verspannen. Die Erfahrung zeigt, dass Lektionen durch eine langfristige, exakte Vorbereitung immer besser gelingen und nicht durch ständige, meist fehlerhafte, Wiederholungen. Wir mussten also keine Angst haben, dass Fandi vergaß, was wir heute geübt hatten, sondern dass er es mindestens genau so gut, wahrscheinlich sogar besser, zeigen würde, wenn wir die piaffeartigen Tritte in ein paar Wochen noch einmal kurz wiederholen würden.

Um die Losgelassenheit wieder vollkommen herzustellen, ritten wir den Rest der Stunde Übergänge mit Anlehnung in der Tiefe. Außerdem sollte Fandi merken, dass seine Anstrengungen in den halben und piaffeartigen Tritten durch entspanntes Reiten mit Anlehnung in der Tiefe belohnt wurden.

In der klassischen Reitlehre geht es also nie um Lektionen. Sie sind nützlich, um ein Pferd zu gymnastizieren und um bestimmte Dinge in der Ausbildung zu überprüfen, aber es sollte nie nur Ziel sein, eine bestimmte Lektion reiten zu können. Leider wurde in den vergangenen Jahren auch in der Freizeitreiterei immer zu viel Wert auf Lektionen gelegt und es wurde auch oft behauptet, dass jedes Pferd verhältnismäßig schnell schwierige Lektionen lernen könnte. Das führte dazu, dass weniger darauf geschaut wurde, ob ein Pferd wirklich im Gleichgewicht geht und wie diese Lektionen ausgeführt wurden. Wir sollten wieder mehr Wert auf das harmonische Gesamtbild von Pferd und Reiter legen statt auf Lektionen, dadurch könnten wir falschen Ehrgeiz in der Reiterei verhindern und würden wieder schönere Bilder im Reitsport sehen.

Haflingerstute Maja: Wie man ein Korrekturpferd an die Hilfen stellt

Maja ist eine 12-jährige Haflingerstute. Sie wurde als Schulpferd gekauft. Hauptsächlich sollte sie in Zukunft im heilpädagogischen Reiten und Voltigieren eingesetzt werden und als Schulpferd im integrativen Reitunterricht. In den ersten zwei Monaten wurde Maja noch nicht eingesetzt, sondern sollte erst einmal weiter ausgebildet werden. Maja ist nicht ideal gebaut. Sie hat sehr wenig Ganaschenfreiheit und einen relativ kurzen Hals. Maja war, als ich mit ihr zu arbeiten begann, wenig trainiert. Ihre Hinterhand war wenig bemuskelt und wirkte im Gegensatz zur ausgeprägten Schulterpartei klein und eckig.

Maja wurde bei ihrem Vorbesitzer schon beim heilpädagogischen Reiten und Voltigieren eingesetzt. Sie nimmt regen Anteil an ihrer Umgebung. Auch auf dem Auslauf steht sie meistens mit gespitzten Ohren und nimmt alles wahr. Sie geht von sich aus auf Menschen zu und scheint immer nachzufragen, was wir jetzt gemeinsam tun sollen. Sie ist also ein motiviertes Pferd, mit dem das Zusammenarbeiten Spaß macht.

Als Maja neu ankam, ließen wir ihr die ersten Tage Zeit zum Eingewöhnen. Wir zeigten ihr den Hof und ließen sie in der Longierhalle frei laufen. Dabei arbeitete ich mit ihr mithilfe der Körpersprache. Anfangs versuchte sie beim Handwechsel öfter, an mir vorbei zu rennen, um nicht umdrehen zu müssen. Dabei war sie aber vorsichtig und hielt einen ausreichenden Sicherheitsabstand zu mir ein. Diese Arbeit im Longierzirkel halte ich für wichtig, um eine Beziehung zum Pferd aufzubauen und es besser kennenzulernen. Dabei jage ich aber das Pferd keinesfalls Runde um Runde außen herum, sondern diese Arbeit geschieht mit größtmöglicher Ruhe und nur so, dass das Pferd nicht ins Schwitzen gerät. Keinesfalls darf ich das Pferd unter Druck setzen oder verunsichern oder gar ängstigen. Denn gerade auf so engem Raum wie in dem Longierzirkel kann ein Pferd sich schnell vom Menschen unter Druck gesetzt fühlen.

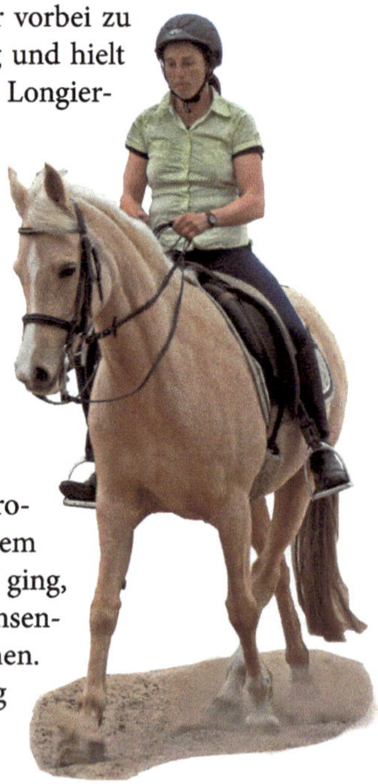

Nach einigen Tagen begann ich, Maja zu longieren. Dies tat ich auch, um auszuprobieren, wie sie an der Longe geht, da ich bei dem Ausprobieren vor dem Kauf nicht selbst dabei war. Von dem Proberitt vor dem Kauf wurde mir berichtet, dass Maja sofort deutlich gegen den Zügel ging, sobald man diesen aufnahm. Ich longierte Maja mit Kappzaum. Am Trensengebiss wollte ich die Longe nicht einhängen, um das Pferdemaul zu schonen. Die Longierhalle gab Maja auch am Kappzaum eine gute Orientierung auf den Zirkel.

Nach einigen Runden des Lösens ließ Maja von sich aus den Hals fallen. Dabei ging sie in einem ruhigen, taktmäßigen Trab. Diese Form der Arbeit hatte für mich zwei Funktionen. 1. Maja an der Longe kennenzulernen und auszuprobieren,

Das Vertrauen zwischen Mensch und Pferd ist die Basis für die Pferdeausbildung.

wie sie sich longieren lässt und 2. konnte ich sie so zur Zwanglosigkeit bringen. Diese würde ihrer Rittigkeit und ihrem Muskelaufbau entgegenkommen.

In den nächsten Tagen fuhr ich mit der Longenarbeit fort. Außerdem ritt ich Maja danach mit einem Führpferd mit hingegebenem Zügel kleine Runden im Schritt ins Gelände. Musste ich sie im Gelände im Schritt in einigen Situationen zurücknehmen, um zum Beispiel einem Auto Platz zu machen, so ging sie sofort gegen den Zügel, wobei sie den Kopf recht hochtrug.

An der Longe machte ich Maja zusammen mit einem Helfer mit verschiedenen Gegenständen wie einer Fahne und Bällen bekannt. Eigentlich hätte Maja diese Sachen kennen müssen, da sie ja schon vorher in der heilpädagogischen Förderung mit dem Pferd eingesetzt wurde, aber beim Anblick der Fahne wollte sie sofort davon galoppieren.

Wir gingen also einen Schritt zurück, rollten die Fahne ganz zusammen und ließen sie sie im Halten beschnuppern. Bei den Bällen stutzte Maja zwar, ging aber dann ruhig weiter, auch wenn sie mal vor ihre Hufe rollten. Warf ich einen Ball vor ihr hoch und fing ihn wieder auf, so zuckte sie jedes Mal zusammen, blieb aber stehen. Da ich selbst nicht viel Materialien in der heilpädagogischen Förderung mit dem Pferd einsetze und das auch nicht oft, richte ich mich hier immer etwas nach den Pferden. Mein Shetlandpony hasst zum Beispiel schon immer Bälle und zuckt immer zusammen, wenn diese geworfen werden, egal wie häufig ich dies übe. Deswegen setze ich diese kaum ein und wenn ja, so halte ich ihn dabei fest. Stehe ich neben ihm, sind die Bälle nämlich kein Problem mehr. Jedes Pferd hat seine Eigenart und ich versuche, diese zu akzeptieren. Natürlich müssen die Pferde in der heilpädagogischen Förderung trotzdem prinzipiell scheufrei sein und ich übe mit ihnen das, was ihnen schwerfällt oder Unbehagen bereitet, immer wieder. Haben die Pferde aber Eigenarten, mit denen ich leben kann, so gehören diese zu den Pferden dazu und diese können ja auch nützlich sein im heilpädagogischen Reiten, weil die Pferde so Reaktionen zeigen, die man sich in der Arbeit mit den Klienten zunutze macht. Natürlich führten wir trotzdem weiterhin mit Maja mit Bällen, Fahnen und ähnlichem Gelassenheitstraining durch.

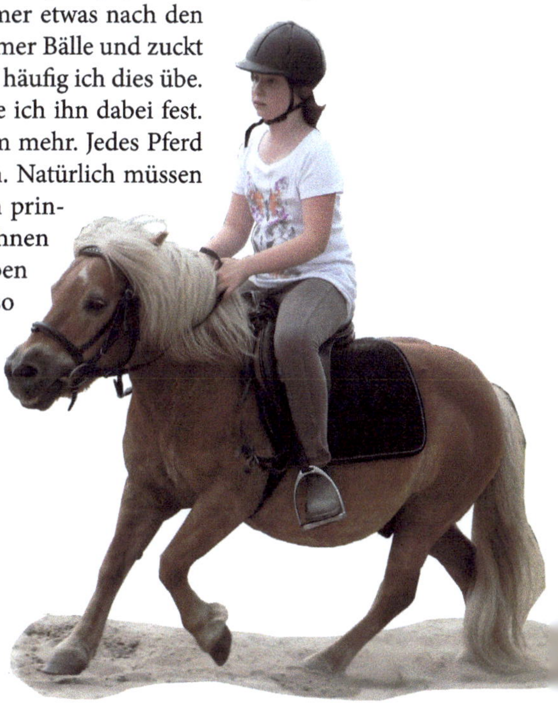

Das Pferd geht über dem Zügel. Der kurze Hals und die mangelhafte Ganaschenfreiheit erschweren das an die Hilfen stellen des Pferdes. Das Foto wurde zur Demonstration mit einem anderen Pferd nachgestellt.

Einige Tage später ritt ich Maja das erste Mal. Mit hingegebenem Zügel suchte sie immer wieder von sich die Anlehnung in der Tiefe. Der Vorteil war, dass sie in einem ruhigen Trab ging und ich dadurch sofort zum Treiben kam. Maja schien es zu genießen, die volle Zügelfreiheit zu haben und nicht mit den Zügeln in eine Haltung gezwängt zu werden, wie es wohl früher häufig geschehen war. Verkürzte ich den Zügel, so ging sie deutlich gegen diesen oder versuchte sich über den Zügel zu heben.

Außerdem fiel mir auf, dass sie sehr schief war. Auf der linken Hand drängelte sie immer wieder in die Bahn hinein. Dabei setzte sie mich nach außen. Ich ritt nun viel auf beiden Händen auf dem zweiten Hufschlag geradeaus. Dabei versuchte ich, Maja geradezurichten, dann still zu sitzen und beide Gesäßknochen gleichmäßig zu belasten und sie möglichst nicht zu stören. Wenn dies gelang, ließ sie den Hals fallen und ging immer schon einige Tritte mit Anlehnung in der Tiefe.

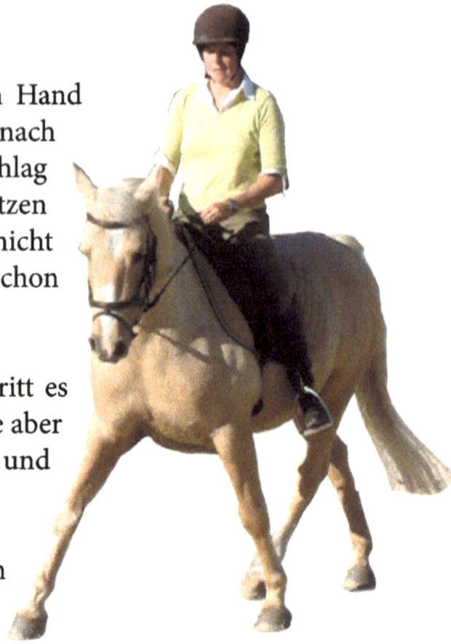

Ich probierte nun aus, ob Maja das Schenkelweichen kannte. Ich ritt es mit dem Pferdekopf zur Bande und sie reagierte sofort. Dabei ging sie aber nicht korrekt im Schenkelweichen, sondern mit zu viel Halsabstellung und zu viel seitlicher Abstellung.

Ich ritt das Schenkelweichen nicht um des seitwärts Willens, sondern um Maja dadurch im Genick nachgiebiger zu machen. Ich ritt das Schenkelweichen mit dem Kopf zur Bande und mit ganz wenig seitlicher Abstellung. Maja führte das auf beiden Händen recht willig aus, aber noch nicht korrekt aus. Ich versuchte, mithilfe des äußeren Zügels eine zu starke Abstellung zu verhindern. Außerdem trieb ich deutlich vorwärts und weniger seitwärts, um die zu starke seitliche Abstellung zu korrigieren. Ich ritt nun einige Schritte Schenkelweichen mit einer seitlichen Abstellung von dreißig Grad zur Bande, trieb Maja dabei durchs Genick und trabte sie nach wenigen Schritten geradeaus an. Durch das vorbereitende Schenkelweichen im Schritt gab sie jetzt auch im Trab im Genick nach. Als Belohnung für das Nachgeben ließ ich die Zügel nach einigen Tritten immer aus der Hand kauen. Dann parierte ich durch zum Schritt und wiederholte diese Übung.

Schenkelweichen dient dem Schenkelgehorsam und hilft, das Pferd besser an die Hilfen zu stellen und an den Sitz des Reiters zu bekommen. Das Foto wurde zur Demonstration mit einem anderen Pferd nachgestellt.

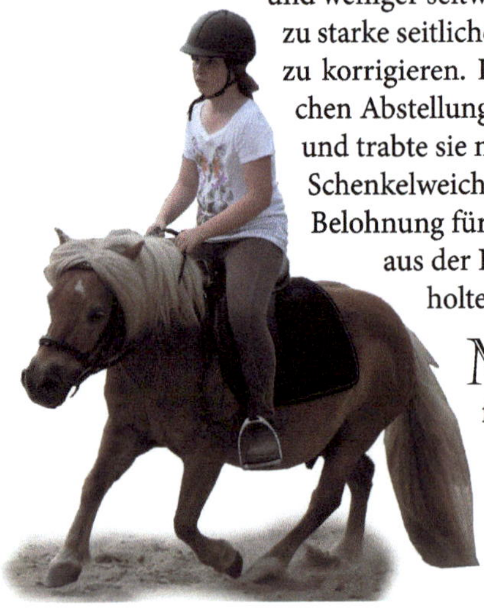

Mit dem Genick als höchstem Punkt bei wenig Genickbiegung und der Stirn-Nasenlinie deutlich vor der Senkrechten (wie eine Remonte) soll das Pferd lernen, vertrauensvoll und gleichmäßig an die Reiterhand heranzutreten. Auch weit ausgebildete Pferde sollten sich jederzeit so reiten lassen. Das Foto wurde zur Demonstration mit einem anderen Pferd nachgestellt.

Maja sollte das Nachgeben im Genick mit dem darauf folgenden angenehmen sich Dehnen dürfen verbinden. Das an den Zügel stellen darf bei einem Korrekturpferd nur ein erfahrener Reiter vornehmen. Denn sonst besteht die Gefahr, dass dieser mit den Hilfen nicht durchkommt oder das Pferd vor allem mit Zügelhilfen durchs Genick stellt und es so eng macht. In beiden Fällen lernt das Pferd so nicht das Richtige und wird nicht sinnvoll gymnastiziert. Vor allem muss man sich davor hüten, das Bild eines schön gewölbten Halses im Kopf zu haben, gerade wenn das Pferd Exterieurmängel wie Maja, wie kurzer Hals und wenig Ganaschenfreiheit, aufweist. Es geht vielmehr darum, das Pferd in der Aufrichtung wie eine junge Remonte aussehen zu lassen. Es soll also mit recht langem Hals in Aufrichtung gehen und die Stirn-Nasenlinie soll deutlich vor der Senkrechten sein.

Hob Maja sich doch im Trab mal heraus und gab nicht mehr im Genick nach und konnte ich das im Trab durch tiefes Sitzen und leichtes Nachtreiben nicht korrigieren, so parierte ich sie durch zum Schritt. Dann stellte ich sie im Schritt wieder an die Hilfen und trabte sie dann an. Immer wieder ritt ich im Trab einige wenige Tritte in Aufrichtung, um dann die Zügel herauskauen zu lassen. Dabei achtete ich in der Aufrichtung darauf, dass sie willig an den Zügel herantrat und eine gleichmäßige Verbindung erhalten blieb. Keinesfalls durfte sie eng werden, sondern sie sollte noch mit recht langem Hals und wenig Genickbiegung gehen, entsprechend ihrer Hinterhandaktivität und ihrer geringen Ganaschenfreiheit.

Auf der linken Hand neigte Maja zum Verschieben des Unterkiefers und zum Verwerfen, anfangs selbst dann, wenn die Anlehnung ganz leicht war. Vielleicht hatte der Reiter, der sie früher geritten hatte, links eine harte Hand. Oder er konnte seinen linken Schenkel nicht genug einsetzen und so das Schiefwerden nicht verhindern, weil dies ja auch ihre schiefe Seite war. Oft versuchen es einige Reiter dadurch zu kompensieren, dass sie die innere Hand über den Mähnenkamm ziehen, was zu einer harten Hand führt und ebenfalls das Verschieben des Unterkiefers erklären würde.

Maja neigte von sich aus dazu, auf dem Gebiss zu kauen und recht viel Schaum zu entwickeln. Dies betrachtete ich mit Vorsicht, denn das Schäumen ist kein gutes Zeichen, wenn es übermäßig ist und kann auf eine eingezwängte Ganasche hinweisen. Ich ließ mich deswegen viel von meinem Reitergefühl leiten. Saß ich tief im Pferd und ging Maja gleichmäßig mit leichter Anlehnung an den Zügel heran bei recht langem Hals und dem Genick als höchstem Punkt und fühlte sie sich dabei ausbalanciert an, so war ich zufrieden. Sah ich dabei in den Spiegel, so zeigte mir mein Spiegelbild dann, dass Maja an den Hilfen stand, wobei die Stirn-Nasenlinie sehr deutlich vor der Senkrechten war. Doch ich spürte auch, dass sie an den Hilfen war und strebte genau diese Haltung eines ganz jungen Pferdes beim Aufrichten an, da ich sie nicht einzwängen wollte und sie so negative Erfahrungen mit dem Zügel vergessen sollte. Die deutlichere Beizäumung würde sich durch die zunehmende Hinterhandaktivität in den nächsten Monaten von selbst ergeben.

Um auszuprobieren, wie sie sich im Galopp verhielt, galoppierte ich Maja nach einigen Tagen des Reitens auf beiden Händen kurz an. Für die Gymnastizierung bringt der Galopp zu diesem Zeitpunkt in der Regel nicht wirklich etwas, aber ich wollte ausprobieren, wie sie angaloppierte und sich im Galopp anfühlte, um das für die Kinder, die sie demnächst reiten sollten, einschätzen zu können. Auf der linken Hand drängelte sie wie erwartet wie im Trab in die Bahn hinein und die Galoppade war schlechter ausbalanciert als auf der rechten Hand. Dadurch waren die Galoppsprünge links herum auch flacher und etwas eiliger als auf der rechten Hand.

Nach diesem kurzen Galopp auf beiden Händen galoppierte ich Maja in den nächsten Wochen beim Reiten nicht. Nur an der Longe ließ ich Maja immer mal eine Runde galoppieren, da sie sich ohne Reiter besser ausbalancieren konnte. An der Longe galoppierte sie schon genauer auf die Hilfe an als unter dem Reiter und sie sprang mehr durch, ohne flach und eilig zu werden, außer, wenn sie zum Ende des Longierens an Kraft verlor. Maja hatte von Natur aus einen relativ raumgreifenden Galopp mit einem aktiven Hinterbein, was die Ausbildung natürlich erleichterte.

Die Arbeit mit Maja machte viel Spaß, weil sie sehr interessiert an der Zusammenarbeit mit dem Menschen war. Sie kam immer auf mich zu und schien zu fragen, was wir nun tun könnten. Auch hatte sie ständig die Ohren vorne und wirkte immer gut gelaunt. Beim Longieren kam sie anfangs, wenn ich mich vor allem auf den Helfer konzentrierte, ab und zu von sich aus in die Mitte und schien zu sagen, dass es jetzt reichen würde mit dem im Kreis laufen. Dabei blieb sie bei mir stehen, ohne mir zu nahe zu kommen und sah mich freundlich mit gespitzten Ohren an. Wenn ich sie dann wieder anlongierte, ging sie ruhig und entspannt weiter, nach dem Motto, okay, wenn du meinst, wir sollen noch ein bisschen longieren, dann können wir das auch tun. Wenn uns die Pferde mit so einem Interesse und Vertrauen begegnen, dann macht die Arbeit mit ihnen besonderen Spaß.

Wenn ich ein Pferd zum ersten Mal reite, so achte ich dabei vor allem auf meinen Sitz und mein Bewegungsgefühl, denn beides lässt viele Rückschlüsse auf die Gymnastizierung eines Pferdes zu. Wenn ich nicht darauf achten würde und nur Wert auf das Reiten irgendwelcher Lektionen legen würde, so könnte mich dies über den wahren Ausbildungsstand eines Pferdes schnell hinweg täuschen.

Als Beispiel: Viele Pferde beherrschen die Kurzkehrtwendung. Doch nur wenige gehen diese wirklich korrekt. Wenn ich also nicht nur auf die eigentliche Ausführung der Lektion Wert lege, sondern dabei darauf achte, dass das Pferd sich korrekt längsbiegt und nicht nur, was häufig vorkommt, den Hals abstellt und das Pferd mich innen sitzen lässt und so weiter, so werde ich über meinen Sitz spüren, was vielleicht in der Ausbildung bisher noch fehlt. Doch auch auf der geraden Linie lässt sich viel erspüren. Ich versuche, beim ersten Reiten eines neuen Pferdes besonders auf meine eigene Losgelassenheit zu achten. Dies ist nicht immer einfach, da ich mich ja vor allem auf das neue Pferd konzentrieren muss und nicht hauptsächlich auf mich. Doch ich versuche, möglichst losgelassen zu sitzen. Dabei kann ich viel erspüren, nämlich ob die Hinterhand des Pferdes zum Beispiel etwas nach links oder rechts drängelt oder ob das Pferd schneller wird und den Rücken festmacht, wenn ich nicht entlastend, sondern im Dressursitz sitze. Lässt das Pferd mich losgelassen und korrekt sitzen, ohne zum Beispiel schneller oder langsamer zu werden und ohne das Gleichgewicht zu verlieren, so habe ich schon eine solide Basis für die weitere Ausbildung.

Ich muss also spüren, wenn das Pferd mich zum Beispiel ständig auf einen Gesäßknochen setzt, um in der weiteren Ausbildung am richtigen Punkt anzusetzen und die Ursache dafür beseitigen zu können, nämlich mangelndes Ausbalancieren unter dem Reiter. Spüre ich das nicht, so werde ich die Basisausbildung nicht gründlich genug durchführen und Symptombekämpfung betreiben.

Nachdem Maja eineinhalb Wochen bei uns war, hatte ich sie zum Longieren mit Voltigiergurt ausgerüstet, um mit einem Helfer auszuprobieren, was Maja an Voltigierübungen kannte und was wir noch üben mussten. Außerdem konnte ich am Longiergurt lange Ausbinder befestigen. Im Arbeitsalltag im Stall kommt bei den Schulpferden die Ausbildung oft aus Zeitmangel zu kurz. Ich muss mir also Gedanken machen, wie ich das Pferd sinnvoll einsetzen und gleichzeitig die Durchlässigkeit verbessern kann. Mit dem Longieren mit Gurt und Ausbindern verfolgte ich drei Zwecke: 1. Ich wollte ausprobieren, wie Maja an der Longe ausgebunden zu longieren ist. 2. Wir probierten durch das Turnen auf ihr aus, was sie kennt, was gut geht und sich gut anfühlt, was nicht geht und was wir noch üben müssen. 3. Durch das Lösen mit langem Hals in der Tiefe und das Ausbinden in relativer Aufrichtung verbessere ich das Nachgeben im Genick. Dabei war die Longe weiterhin im Kappzaum eingeschnallt.

Ich longierte Maja zum Lösen auf beiden Händen unausgebunden. Maja machte von sich aus nach einigen Runden den Hals immer länger und dehnte ihn dabei immer mehr in die Tiefe. Die Bewegungen von ihr waren dabei zwanglos pendelnd. Sie neigte von Natur aus nicht zum Wegeilen, was ihr half, Takt und Gleichgewicht zu finden und sich zu entspannen. Dies ist nicht selbstverständlich, da gerade Pferde mit kurzem Hals diesen oft nicht lang genug machen und den Hals nicht zum Ausbalancieren benutzen. Dann benötigt man oft mehrere Wochen, bis diese Pferde von sich aus die Tendenz zeigen, den Hals fallen zu lassen.

Nach dem Lösen band ich Maja mit Ausbindern lang aus, um sie vorwärts-abwärts zu longieren. Dabei achtete ich darauf, dass die Ausbinder trotzdem lang genug waren, damit sich die Stirn-Nasenlinie immer vor der Senkrechten befand und Maja von den Hilfszügeln nicht in eine Haltung gezwungen wurde. Vielmehr ließ ich Maja nun antraben und versuchte durch Nachtreiben in einem ruhigen Arbeitstrab, sie an die Ausbinder heranzutreiben und zum Traben mit Anlehnung in der Tiefe zu bringen.

Als dies gut gelang, verkürzte ich die Ausbinder etwas und schnallte sie höher ein, um einige wenige Runden im Trab in Gebrauchshaltung zu longieren. Ich berücksichtigte bei der Länge der Ausbinder Majas geringe Ganaschenfreiheit und schnallte schon deswegen die Ausbinder recht lang. Das Traben in Gebrauchshaltung gelang schon für einige Trabtritte recht gut. Ab und zu tauchte Maja mit dem Genick etwas nach unten ab. Sie geriet dabei zwar nicht mit der Stirn-Nasenlinie hinter die Senkrechte, trotzdem trieb ich sie sofort etwas vor, damit sie sich wieder korrekt mit dem Genick als höchstem Punkt trug. Ich ließ sie ungefähr acht Runden so traben, dann machte ich einen Handwechsel und führte dasselbe im Trab auf der anderen Hand durch. Danach schnallte ich die Ausbinder aus und longierte sie noch auf beiden Händen in die Tiefe, wobei der Helfer auf ihr saß und Übungen ausprobierte.

Neben dem Longieren, der Bodenarbeit, kleinen Ausritten im Schritt, Gelassenheitstraining und dem Reiten ließ ich Maja auch mal Freispringen. Ich löste sie erst an der Longe und dann führte ein Helfer sie im Trab an das Hindernis, während ich vorsichtig nachtrieb. Maja sprang viel zu hoch, aber mit guter Bascule, sodass wir das Springen fest in den Trainingsplan mit aufnehmen wollten, da sie sichtlich Spaß daran hatte und es das Pferd schön löst.

Alle zwei bis drei Tage ritt ich Maja. Dabei dauerte das Reiten mit der Schrittphase anfangs maximal 30 Minuten. Ich ging wie oben beschrieben vor und ritt weiterhin vor allem ganze Bahn und dabei viel auf dem zweiten Hufschlag. Nur zwischendurch, wenn sie ganze Bahn gut ausbalanciert war und mit passiven Gewichts-, Schenkel- und Zügelhilfen geradeaus trabte, ritt ich eine Runde auf dem Zirkel.

Ich achtete außerdem darauf, den Schenkelgehorsam zu verbessern. Maja reagierte nicht ausreichend und gleichmäßig sensibel auf den vortreibenden Schenkel. Da sie aber ansonsten sehr arbeitswillig war, war davon auszugehen, dass hier vorher bei der Ausbildung Fehler gemacht worden waren. Vielleicht ist sie beim heilpädagogischen Reiten von einem Kind geritten worden, welches einen unruhigen Schenkel hatte und sie jeden Schritt antrieb. Das hat Maja dann auf den Schenkel abgestumpft.

Nahm sie nun meine Schenkelhilfe an, so setzte ich mit dieser aus und ließ meinen Schenkel nur in korrekter Lage passiv am Pferd. Maja sollte merken, dass sie quasi ihre Ruhe hat und ich mit den

Hilfen aussetze, wenn sie wie gewünscht geht. Natürlich gebe ich in gewisser Weise trotzdem weiterhin Hilfen, aber nur, indem ich ruhig sitze, eine leichte Verbindung zum Pferdemaul halte, ohne aktiv mit den Zügeln einzuwirken. Mit den Schenkeln ist es genauso, sie liegen leicht am Pferd, sodass ich quasi nur die Haarspitzen des Pferdebauches berühre und das soll reichen, damit das Pferd in gewünschtem Tempo vorwärtsgeht.

Bei den Gewichtshilfen achtete ich nur darauf, ausbalanciert zu sitzen und auf der geraden Linie beide Gesäßknochen gleichmäßig zu belasten und damit dem Pferd zu helfen, das Gleichgewicht zu finden. Ziel war es also, fast nur ruhig sitzen zu können und die Hilfen zu minimieren, damit Maja ungestört gehen konnte. Je ruhiger ich sitze und desto weniger ich einwirken muss, desto ungestörter und natürlicher kann das Pferd gehen und dafür versuchte ich mit meiner Vorgehensweise die Voraussetzungen zu schaffen. Das Pferd nicht stören und ihm keine Last zu sein ist ein zentraler Satz, den ich mir in jeder Stunde immer wieder vornehme.

Reagierte Maja nicht auf meine treibenden Hilfen, so verstärkte ich diese mithilfe der Gerte. Sie merkte also: Gewünschte Reaktion heißt Ruhe haben, nicht erfolgte Reaktion heißt stärkere Hilfe und erst seine Ruhe haben, wenn ich reagiere. Da sie sehr motiviert war, reagierte sie immer besser, sodass ich oft schon einige Tritte hatte, in denen ich nur darauf achten musste, still zu sitzen und sie nicht zu stören.

So ging ich beim Trab in Dehnungshaltung ebenso vor wie beim Trab in der Aufrichtung. Mit Anlehnung in der Tiefe ging Maja immer wieder schon recht konstant. Dabei ging sie noch im natürlichen Trab. Forderte ich sie auf, die Tritte Richtung Arbeitstrab etwas raumgreifender zu gestalten, so fiel ihr das noch schwer. Dies war natürlich keine Unwilligkeit, sondern Maja fehlte schlicht die Schubkraft.

Vom Muskelaufbau her sah sie auch nicht trainiert aus, als sie zu uns kam, sodass ich hier geduldig vorgehen musste. Wie beim jungen Pferd forderte ich den Arbeitstrab allmählich nur für einige Tritte und ließ sie dann wieder im natürlichen Trab gehen. Überforderte ich sie, in dem ich sie zu viel oder zu lange vorwärts ritt, so wurden die Tritte eilig und bedingt durch das fehlende Anwinkeln der Gelenke im eiligen Tempo auch flach.

Wollte ich Maja aufrichten, so zeigte sich auch hier die fehlende Schubkraft. Da die Aufrichtung aus der Aktivität der Hinterhand entwickelt werden soll, muss ich zu jedem Aufrichten etwas vorwärts reiten. Wenn ich vorher im natürlichen Trab getrabt bin, so werde ich das Tempo zum Arbeitstrab forcieren, wenn ich mein Pferd aufrichte. Dieser Arbeitstrab ist aber auch relativ. Das heißt, ich darf nur soviel vorwärts reiten, wie der Takt und die Zwanglosigkeit erhalten bleiben. Keinesfalls dürfen die Tritte eilig werden. Ich reite also anfangs mit einem Pferd, welches so wenig Schubkraft besitzt, nur eine Idee mehr vorwärts als im natürlichen Trab. So wird das Pferd durch die zunehmende Gymnastizierung allmählich in den nächsten Monaten mehr Schubkraft entwickeln und dann einen schwungvollen Arbeitstrab ohne Verlust der ersten drei Punkte der Skala der Ausbildung gehen können. Anfangs ritt ich also einen ruhigen Arbeitstrab, der Maja nicht überforderte und so verhinderte, dass sie sich aus Überforderung verspannte.

Ein weiterer Aspekt war, dass ich versuchte, Maja vermehrt an den Sitz zu bekommen und unabhängiger vom Zügel zu reiten. Dies betraf vor allem das Wenden in den Ecken oder das Reiten auf dem zweiten Hufschlag. Um zu überprüfen, ob sie möglichst zügelunabhängig ging, ritt ich sie von Anfang an immer für einige Tritte mit einhändiger Zügelführung, wenn ich das Gefühl hatte, dass sie gerade gut im Gleichgewicht war.

Dabei ritt ich mit Anlehnung in der Tiefe auf dem zweiten Hufschlag an der langen Seite ganze Bahn. Dies übte ich genauso, als ich anfing, sie in Aufrichtung zu reiten. Gab sie im Genick gut nach, trug sich gut und blieb sie im Takt, so übergab ich für einige Trabtritte die Zügel in eine Hand, wobei ich die Hand, die den Zügel führte, öfter mal wechselte.

In den nächsten Wochen übte ich alles oben beschriebene geduldig weiter, aber immer nur für ein paar Tritte. So gewann Maja allmählich vermehrt an Kraft und ging immer konstanter über einige Runden mit Anlehnung in der Tiefe wie auch in Aufrichtung. Durch die Verbesserung der Schubkraft entstand eine deutlichere Biegung im Genick, sodass der Hals jetzt in Aufrichtung runder wirkte als am Anfang, als ich sie begann zu reiten. Auch die Stirn-Nasenlinie näherte sich durch die vermehrte Hinterhandaktivität etwas mehr der Senkrechten. Ich achtete aber darauf, sie jederzeit auch mit erweitertem Rahmen reiten zu können, um das Problem des Ganaschenzwangs gar nicht erst aufkommen zu lassen.

Durch die Arbeit an ihrem Gleichgewicht durch das Reiten auf dem zweiten Hufschlag bei korrekt beidseitig belastender Gewichtshilfe und die Aktivierung der Hinterhand hatte Maja soviel an Kraft und Balance gewonnen, dass jetzt das Galoppieren unter dem Reiter für einige Galoppsprünge gut klappte, ohne dass es gesondert geübt worden wäre. Auch der Schenkelgehorsam hatte sich deutlich verbessert, sodass Maja sich jetzt die treibenden Hilfen im ruhigen Arbeitstrab quasi selbst abholte. Die verbesserte Geschmeidigkeit des Pferdes führte automatisch dazu, dass sie die Hilfen für das Schenkelweichen jetzt viel besser annahm. Dieses alles sollte in den nächsten Monaten weiter ausgebaut und gefestigt werden. Daneben würde das Augenmerk auf der weiteren Entwicklung der Schubkraft Richtung Schwungentwicklung liegen, um die Hinterhand weiter zu stärken. Aufgrund dieser Ausbildung war zu erwarten, dass Maja ein gutes, rittiges Schulpferd werden würde.

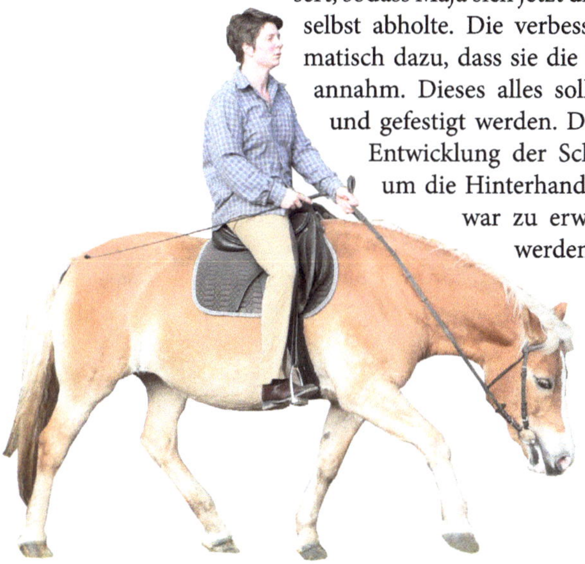

Das Reiten mit einhändiger Zügelführung in Dehnungshaltung ist ein wichtiges Ziel in der Pferdeausbildung. Der Reiter sollte auch bei ruhigen Pferden aus Sicherheitsgründen immer eine Reitkappe tragen. Das Foto wurde zur Demonstration mit einem anderen Pferd nachgestellt.

Allerdings muss sie weiterhin, wie alle Schulpferde, regelmäßig Korrektur geritten werden. Aufgrund ihrer früheren Erfahrungen beim Vorbesitzer hat sie auch gelernt, wie sie sich den Hilfen entziehen kann und es besteht die Gefahr, dass sie das immer mal wieder versuchen wird. Um dies zu verhindern und dafür zu sorgen, dass Maja mit möglichst feinen Hilfen zu reiten ist, muss sie regelmäßig von einem erfahrenen Reiter weiter gymnastiziert werden. Das ist die Verantwortung, die wir für unsere Schulpferde haben und auch für deren Reiter, die von Anfang an möglichst feines Reiten lernen sollen.

Mecklenburger Stute Calice Noir: Korrektur des falschen Anreitens

Calice Noir ist eine 5- jährige Mecklenburgerstute. Die jetzige Besitzerin kaufte sie direkt aus dem Züchterstall. Calice Noir war laut Auskunft des Züchters leicht angeritten und stand dann wieder auf der Weide. Nach Auskunft des Züchters, der sich gut um seine Pferde kümmert, ist das Anreiten ganz vorsichtig geschehen. Allerdings muss es trotzdem nicht vorsichtig genug geschehen sein, denn die Stute hatte definitiv Angst vor dem Reiter über ihr.

Es reicht eben leider nicht aus, wenn das Anreiten vorsichtig geschieht, sondern der Reiter muss auch fühlen und sehen, ob das Pferd sich wirklich wohlfühlt unter dem Reiter: Das Pferd soll entspannt gucken, nicht ständig misstrauisch den Kopf hochheben und die Ohren nicht die ganze Zeit stark nach hinten richten, denn das sind Anzeichen von Misstrauen beziehungsweise Angst. Das war bei Calice Noir der Fall. Sie wirkte stark verunsichert und in den Augen standen deutliche Anzeichen von Stress. Besonders beim Antraben wurde dies deutlich. Sie stürmte bei jedem Antraben panisch los. Der Oberkörper des Reiters über ihr war ihr unheimlich, dies verstärkte sich durch die Bewegung des Trabes.

Zeigen junge Pferde so deutliche Zeichen von Unbehagen oder Angst beim Anreiten, so darf darüber nicht einfach hinweggegangen werden, selbst wenn sie sich halbwegs zügeln lassen und nicht anfangen zu buckeln. Ein kleiner Anlass kann dann aber ausreichen, um die Angst übermächtig werden zu lassen und das Pferd zum Durchgehen oder Buckeln zu bringen. Außerdem wird ein Pferd, welches vor dem Reiter auf sich Angst hat, nicht die Losgelassenheit erreichen.

Ich mache also gravierende Fehler in der Ausbildung, wenn ich nicht dafür sorge, dass das Pferd seine Angst verliert. Habe ich ein Pferd, welches so reagiert, so muss ich in der Ausbildung wieder einen Schritt zurückgehen, in dem das Aufrichten des Oberkörpers neu eingeübt wird, zum Beispiel, indem man sich neben das Pferd auf einen Hocker stellt. Geritten sollten solche Pferde nicht werden, bis sie das Vertrauen zu dem Menschen über ihnen (wieder-) erlangt haben.

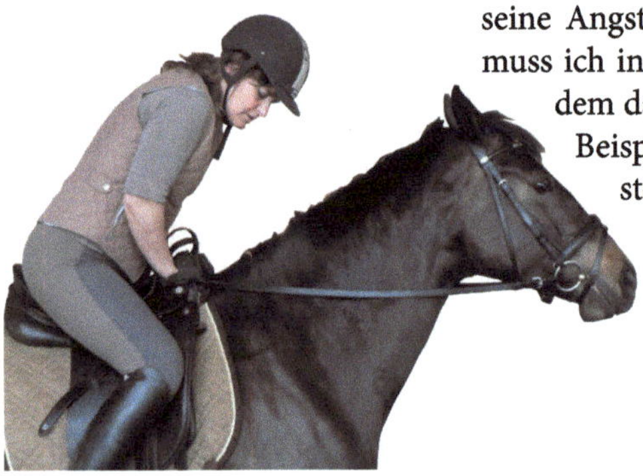

Die angespannte Kopfhaltung und der Ausdruck der Augen des Pferdes nach dem Aufsteigen zeigen deutlich das Misstrauen vor dem Reiter auf seinem Rücken. Keinesfalls darf in solchen Fällen mit Hilfszügeln der Kopf heruntergezwungen werden. Vielmehr muss das Pferd durch positive Erfahrungen lernen, dass es dem Reiter vertrauen kann.

Nur so entsteht die für die Pferdeausbildung nötige Vertrauensbasis. Andernfalls kann es auch sehr gefährlich werden. Denn wenn der Reiter aus dem Gleichgewicht gerät, wird so ein Pferd noch panischer werden und wahrscheinlich durchgehen. Dies kann neben Verletzungen die Folgen haben, dass ein Pferd den Reiter nach so einem Erlebnis gar nicht mehr aufsitzen lässt.

An der Longe zeigte Calice Noir ebenfalls mangelnde Losgelassenheit. Sie eilte weg und musste noch lernen sich treiben zu lassen. Eine

Peitsche beim Longieren ließ sie nicht zu, sie stürmte sofort im Galopp beim Anlongieren los, sobald man die Longe länger ließ, auch ohne dass die Besitzerin beim Longieren eine Peitsche in der Hand hatte.

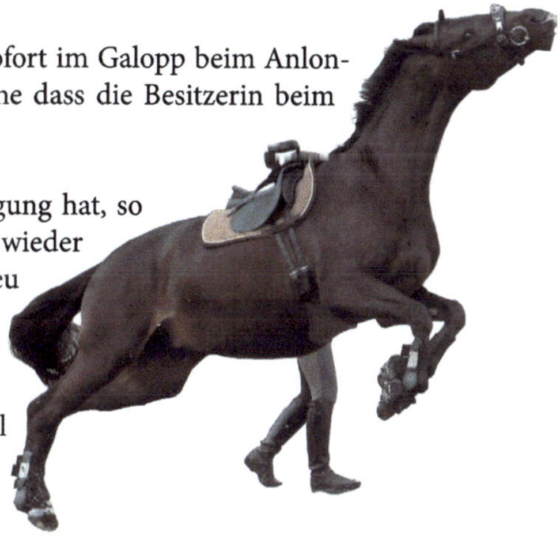

Wenn man in so einem Fall einen Helfer zur Verfügung hat, so muss man auf jeden Fall auch hier in der Ausbildung wieder einen Schritt zurückgehen und das Anlongieren neu einüben. Calice Noirs Besitzerin hatte keinen Helfer zum Longieren zur Verfügung, der das Pferd langsam anführen konnte. Deswegen führte sie Calice Noir vor dem Longieren im Schritt an der Longe auf dem Zirkel herum.

Immer wieder galoppierte Calice Noir beim Anlongieren einfach los, dies schien sie beim Anlongieren so gelernt zu haben. Rannte sie anfangs daraus immer viele Runden hektisch weiter, so ließ sie sich nach einigen Wochen nach wenigen Runden zum ruhigen Trab durchparieren und ließ danach auch bald den Hals fallen.

Dies war wichtig, um Calice Noir schon etwas aufzuwärmen und Verletzungen durch das schnelle Losgaloppieren, welches trotz aller Ruhe bei der Arbeit in den ersten Monaten nicht immer zu verhindern war, zu vermeiden. Außerdem lernte Calice Noir so, dass das Einhaken der Longe nicht hieß, dass sie gleich darauf im Galopp losstürmen sollte. Allerdings versuchte sie immer wieder, sofort loszustürmen, wenn man mit ihr an der Longe den Platz betrat. Sie hatte es bis dahin wohl nur so gelernt und dies ist dann immer sehr schwer und langwierig zu korrigieren.

Leider sieht man immer wieder, dass das Longieren keine sinnvolle Arbeit mit dem Pferd ist, sondern ein bloßes Herumrennenlassen, damit das Pferd sich austobt. Das hängt auch sicherlich damit zusammen, dass einige Pferde heutzutage noch in reiner Stallhaltung oder mit nur wenig freiem Auslauf gehalten werden und sich nicht ausreichend bewegen können und deswegen die Arbeit dazu benutzen wollen, sich auszutoben.

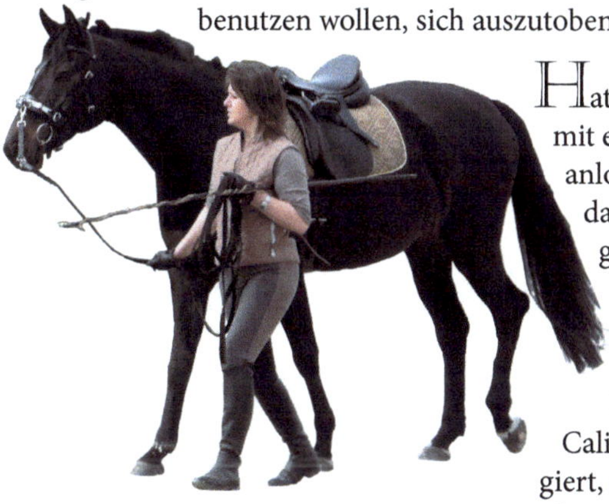

Schritt führen an der Longe vor dem Longieren.

Hat man so ein Pferd gekauft, so sollte man das Longieren mit einem Helfer beginnen, als würde man ein rohes Pferd anlongieren. Der Helfer sollte das Pferd führen und es dadurch ermöglichen, das Pferd im Schritt anzulongieren. Außerdem sollte man natürlich für eine artgerechte Haltung sorgen.

Calice Noir wurde anfangs nur unausgebunden am Kappzaum longiert. Um das Pferd zur Ruhe zu bringen, wurde Calice Noir in eine Ecke des Reitplatzes quasi hineinlongiert, da auch kein abgezäunter Longierzirkel zur Verfügung stand. Dieses in die Ecke hineinlongieren darf nicht so stark geschehen, dass das Pferd sich eingeengt fühlt und vielleicht umdreht oder weggaloppiert. Vielmehr soll es durch den Zaun

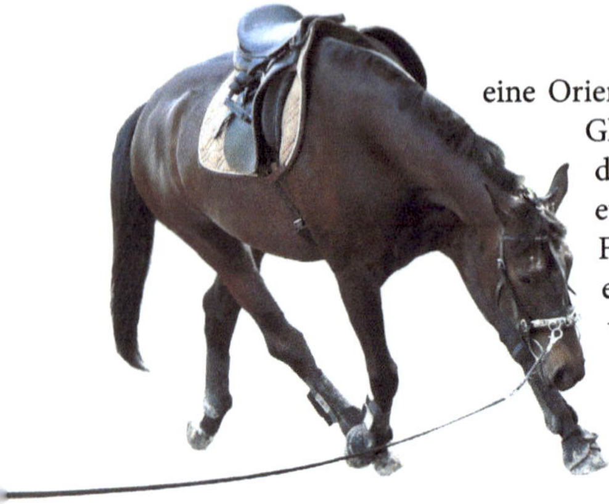

eine Orientierung bekommen, die ihm hilft, eine Linie und somit das Gleichgewicht auf dem Zirkel zu finden. Außerdem soll der Zaun das Pferd optisch im Tempo etwas bremsen, wenn es vorsichtig etwas in die Ecke hinein longiert wird. Dies gelang auch sehr gut. Für einige Tritte ging die Stute dadurch ruhiger, um danach erst einmal wieder eiliger zu werden, bis sie nach einer Runde wieder vor der Ecke war, wo sie sich wieder etwas aufnehmen ließ.

Die Phasen des zwanglosen Gehens an der Longe im natürlichen Trab wurden allmählich immer länger. Absichtlich galoppieren ließen wir Calice Noir an der Longe nicht, um zu vermeiden, dass sie noch mehr aus dem Gleichgewicht kam und unruhig wurde. Außerdem wollten wir die Verbindung löschen, die schon offensichtlich in ihrem Kopf entstanden war, nämlich Longe ist gleichbedeutend mit wildem Losgaloppieren. Da Calice Noir bei ihrer neuen Besitzerin täglich bei jedem Wetter auf der Weide mit anderen Pferden stand und sie sich dort austoben konnte, war das an der Longe nicht mehr nötig. Allerdings verfiel Calice Noir immer mal wieder in ihr altes Muster und stürmte an der Longe davon.

Das Eilen im Trab führt zu einem Verlust des diagonalen Zweitaktes. Außerdem muss das Pferd durch das eilige Tempo und den Taktverlust mit dem rechten Hinterbein am rechten Vorderbein innen vorbei fußen, weil dieses noch nicht abgefußt ist. Wie fatal dieses Eilen für das Gleichgewicht eines Pferdes ist, kann man sich dadurch gut vorstellen.

Beim Reiten trabte Calice Noir viel zu eilig, obwohl ihre Reiterin ganz passiv und entlastend saß. Die Reiterin bemühte sich, Calice Noir wie ein angerittenes Pferd zu reiten. Sie saß entlastend, rundete die Ecken ab und achtete besonders darauf, ihr Gewicht korrekt in der Ecke nach innen und auf der geraden Linie wieder auf beide Gesäßknochen zu verlagern. Sie versuchte, das Pferd nicht zu stören, sondern sie mit viel Loben und ruhiger Stimme zum ruhigen Traben zu bringen. Leider reagierte Calice Noir darauf nicht ausreichend, sodass ab und zu aus Sicherheitsgründen ein Aufnehmen mit dem Zügel nötig war. Calice Noir ging von sich aus nur mit kurzem, eher hohem Hals und weggedrücktem Rücken. Das Eilen in der Bewegung war deutlich daran zu erkennen, dass sie die Beine nur nach vorne streckte, aber keine pendelnde Aufwärtsbewegung der Gliedmaßen erkennbar war.

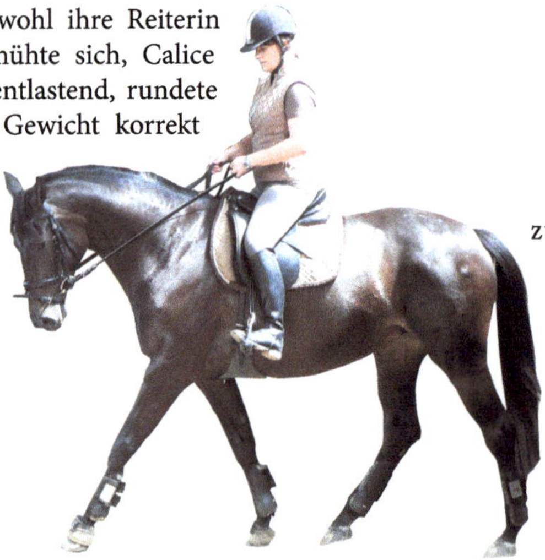

Anfangs ging Calice Noir sofort hinter dem Zügel, wenn ihre Reiterin leichte Verbindung zum Maul aufnahm. Deutlich ist auch das eilige Tempo zu erkennen, weil das Pferd unter dem Reiter davon rannte. Eine reelle Anlehnung entsteht in der Pferdeausbildung aber nur, wenn der Reiter zum Treiben kommt.

Obwohl Calice Noirs Reiterin sich bemühte, nur eine passive Verbindung mit dem Zügel zu halten, verkroch sich Calice Noir von sich aus anfangs häufiger hinter dem Zügel. Das ließ den

Verdacht aufkommen, dass sie nicht mit einem passiv Verbindung haltenden Zügel angeritten worden war, sondern dass schon beim Anreiten mit dem Zügel fälschlicherweise auf die Kopf- und Halshaltung eingewirkt worden war.

Dieser Verdacht lag besonders nahe, da Calice Noir zum Wegeilen neigte. Anstatt in so einem Fall in der Ausbildung einen Schritt zurückzugehen, sie mit mehr Ruhe an das Reitergewicht zu gewöhnen und sie erst einmal einige Wochen nur zu longieren, damit sie lernt, mit Anlehnung in der Tiefe zu gehen, wurde sie wahrscheinlich mithilfe des Zügels am Wegeilen gehindert. Das ist aber eine Symptombekämpfung, denn so verlor Calice Noir nicht ihre Angst vor dem Reiter und lernte auch nicht, sich mit langem Hals auszubalancieren und das unter dem Reiter verlorene Gleichgewicht wiederzufinden. Außerdem lernte sie so nicht, vertrauensvoll an den Zügel heranzutreten, der anfangs jede Kopf- und Halsbewegung des Pferdes zulassen sollte.

Bevor sie Takt und Losgelassenheit gefunden hatte, wurde also eine Anlehnung erzeugt, die dazu führte, dass Calice Noir hinter dem Zügel ging. Das Ziel der nächsten Wochen und Monaten würde sein, das Vertrauen zum Reiter zu festigen, den Takt zu finden und zur Zwanglosigkeit und daraus zur Losgelassenheit zu gelangen.

In den ersten vier Monaten wurde Calice Noir von ihrer Besitzerin nur sehr wenig geritten. Ihre Besitzerin wollte erst die Arbeit an der Longe verbessern und Calice Noir sollte sich in Ruhe in ihrem neuen Stall eingewöhnen. Außerdem wurde mit Rücksicht auf ihre Entwicklung, Calice Noir war zu diesem Zeitpunkt fünf Jahre alt, aber ein Spätentwickler, nur sehr wenig gearbeitet.

Nach einigen Monaten war die Zeit gekommen, in der man das Gefühl hatte, das regelmäßiges Reiten Calice Noir gut tun würde, da sie so mehr Routine bekommen würde und dadurch weniger angespannt wäre. Sie sollte nun drei Mal in der Woche geritten werden, wobei das Reiten immer nur circa 20 Minuten einschließlich der Schrittphase und der Pausen dauert. Um Calice Noir Sicherheit und Routine zu geben, wurden die Trainingseinheiten immer ähnlich gestaltet.

Vor dem Reiten wurde Calice Noir immer longiert, um so besser zur Zwanglosigkeit zu kommen und diese unter dem Reiter nutzen zu können.

Da Calice Noir beim Aufsteigen nicht gelernt hatte, stillzustehen, übte ihre neue Besitzerin dies erst einmal mit ihr, bis sie gelernt hatte, auch an der in die Bande eingelassene Aufstieghilfe stillzustehen. Dabei lobte sie Calice Noir ausgiebig und ließ sich viel Zeit. Trotzdem wurde Calice Noir immer wieder unruhig beim Aufsteigen und trat ein paar Schritte zur Seite. Tritt so etwas in der Ausbildung auf, so sollte man die nächsten Male besser einen Helfer mitnehmen, der das Pferd beim Aufsteigen festhält, damit es lernt, ruhig stehen zu bleiben.

Unter dem Reiter präsentierte sich Calice Noir ähnlich wie anfangs an der Longe. Sie ging verspannt, trug den Kopf sehr hoch und bei der kleinsten Bewegung des Schenkels begann sie noch mehr zu eilen.

Die Ausbildung junger Pferde finde ich heutzutage von den Bedingungen der Reitanlagen her oft schwieriger als früher. Im Zuge der artgerechteren Haltung und der damit einhergehenden vermehrten Ausgeglichenheit der Pferde wird argumentiert, dass die jungen Pferde alles ertragen müssten. So wird oft direkt mit mehreren angerittenen Pferden gleichzeitig in der Bahn geritten und auch laute Geräusche, die das Pferd erschrecken könnten, werden nicht vermieden.

Ich halte diese Einstellung für falsch. Vielmehr finde ich, man sollte alles tun, um den jungen Pferden einen guten und leichten Einstieg in ihr Leben als Reitpferd zu geben. Außerdem stört es mich selbst, wenn ich in einer unruhigen Atmosphäre reiten muss, ich kann mich dann längst nicht so konzentrieren, als wenn eine angenehme Ruhe herrscht.

Das bedeutet nicht, dass übertrieben werden muss und um die Reithalle herum gar keine Bewegungen und Geräusche mehr stattfinden dürfen. Es darf aber nicht unruhig oder hektisch von der Atmosphäre her sein. Dies finde ich nicht nur für junge Pferde unangemessen, sondern auch für die anderen Reiter mit ihren Pferden. Denn diese haben oft einen stressigen Arbeitstag hinter sich und sie wollen sich beim Reiten erholen und sich nicht noch über die Rücksichtslosigkeit anderer ärgern müssen.

In einem Stall erlebte ich Folgendes: Ein Teil des Reitplatzes, der mit Sand bedeckt war, ging am Ende des Platzes in eine große Wiese über, auf der einige Bäume standen. Während ich Unterricht auf dem Platz gab, setzten sich einige Einstaller unter diese Bäume in den Halbschatten. Sie saßen also innerhalb des Reitplatzes, auch wenn wir diesen Teil nicht zum Reiten nutzten, da er nicht mit Sand bedeckt war. Ich sah das mit gemischten Gefühlen, weil das Pferd, welches bei mir im Unterricht ging, auch erst vier Jahre alt war. Nach einigen Runden erschreckte sich das Pferd durch das Rascheln eines Zuschauers beim Ausziehen seiner Jacke, drehte sich um und galoppierte davon. Da die Einstaller unter den Bäumen im Schatten saßen, konnte das Pferd, welches im grellen Sonnenlicht auf dem Platz ging, diese bestimmt nicht genau einordnen. Die Reiterin fiel herunter und blieb zum Glück unverletzt. Doch es hätte auch anders ausgehen können und wie viel kann man auch in der Ausbildung eines Pferdes damit kaputtmachen, abgesehen von den Verletzungsrisiken für den Reiter. Ich habe daraus gelernt und verweise jeden, der sich im Unterricht auf den Platz verirrt, freundlich des Platzes, auch wenn ich mich vielleicht dadurch unbeliebt mache.

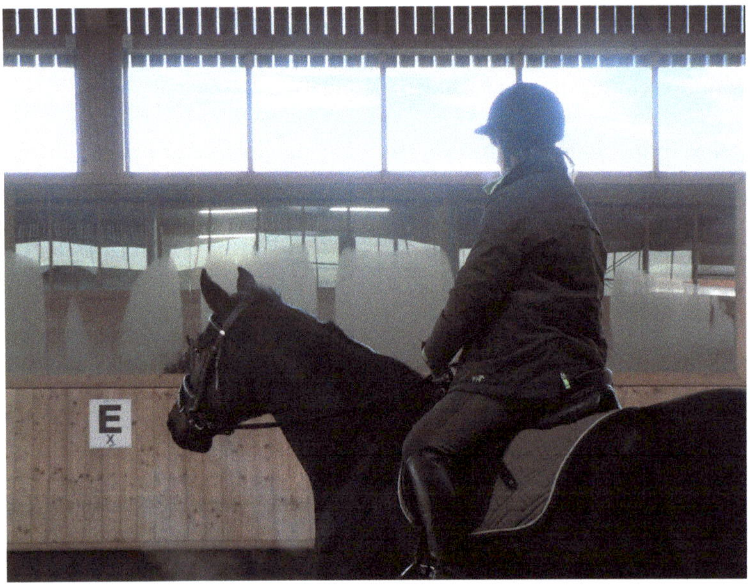

Den beschlagenen Spiegel fand Calice Noir erst zum Fürchten.

Leider findet man die Rücksichtnahme auf junge Pferde häufig selbst bei Reitanlagenbesitzern nicht mehr, die selbst schon jahrelang Pferde haben. Auch gibt es häufig Umstände, die man nicht abstellen kann, weil sie den Betriebsablauf aufhalten würden. So kam in einer der Trainingseinheiten mit

Calice Noir der Zahnarzt für ein anderes Pferd. Die Geräusche seiner Arbeitsgeräte schallten durch die an die Halle angrenzende Stallgasse und waren in der Halle sehr deutlich zu hören. Durch die hohe Geräuschkulisse herrschte eine angespannte, hektische Atmosphäre, die sich auf Calice Noir übertrug. Klar war, dass wir an diesem Tag nicht weiter an der Losgelassenheit arbeiten konnten, sondern zufrieden sein und aufhören mussten, wenn sie halbwegs zwanglos gehen würde. Ich muss also in der Ausbildung gerade junger Pferde meine Ziele oft den Umständen anpassen.

Hinzu kam, dass aufgrund des Wetters der Spiegel an der Mitte der langen Seite an diesem Tag teilweise beschlagen war. Calice Noir ging daran vorbei, stutzte, als sie die Veränderung bemerkte und machte einen großen Bogen um den Spiegel. Ich wies ihre Reiterin an, diesen Abstand zu akzeptieren und bei den nächsten Runden einfach mit etwas Abstand an dem Spiegel vorbeizureiten. Keinesfalls darf man auf die Idee kommen, das junge Pferd frontal davor zu stellen und es dann dorthin zwingen zu wollen. Dann sind Kämpfe zwischen Reiter und Pferd vorprogrammiert und gerade diese will ich ja in der Ausbildung vermeiden. Akzeptiere ich dagegen den Abstand zum Spiegel und reite ruhig, aber vorwärts daran vorbei, so wird sich das Pferd mit zunehmender Losgelassenheit von selbst immer dichter daran vorbeireiten lassen. Auch Calice Noir ging nach einigen Runden wieder auf dem ersten Hufschlag ruhig am Spiegel vorbei.

Interessant ist es, Ähnliches auch immer wieder mal bei weiter ausgebildeten Pferden zu beobachten. Viele Pferde wollen zum Beispiel häufig an der Zuschauerseite einer Reithalle nicht vorbeigehen und erschrecken sich dort öfter, wenn jemand den Vorraum der Halle betritt. Die meisten Reiter reagieren dadurch, dass sie die Zügel kürzerfassen. Dies tut man oft in solchen Situationen automatisch, weil man meint, dann mehr Kontrolle über das Pferd zu haben. Dadurch wirken aber die Reiter meistens, in dem Bestreben, das Pferd dort vorbeireiten zu wollen, unbewusst rückwärts. Das sorgt dafür, dass das Pferd nicht mehr vor den Hilfen ist und die Chance, es dort vorbeizureiten, werden dadurch noch geringer.

Außerdem fangen viele Reiter vor solchen angstbesetzten Stellen an, vor allem mit dem Zügel einzuwirken und das Pferd in eine bestimmte, meist zu enge und auch der Hinterhandaktivität nicht angepasste, Haltung zu zwingen. Diese unnatürliche Haltung, die das Pferd in freier Natur nur in großer Anspannung und nur für Sekundenbruchteile einnimmt, führt zu einer noch größeren Anspannung des Pferdes und dadurch zu noch größerer Unsicherheit vor der vermeintlich gefährlichen Stelle. Deswegen lässt sich das Pferd dann oft gar nicht mehr oder nur mit sehr großem Abstand an dieser Stelle vorüberreiten.

Die beste Lösung in solchen Situationen ist es meistens, das Pferd in einen physiologischen Entspannungszustand zu versetzen, sprich, korrekt mit Anlehnung in der Tiefe dort hin- und vorbeizureiten. Ist das Pferd körperlich dadurch entspannt, so befindet es sich nicht mehr in ständiger Alarmbereitschaft und wird so am ehesten an vermeintlichen Gefahrenquellen vorbeigehen. Auch das Zeigen durch Hinführen und Geben von Leckerchen an solchen Schreckgegenständen kann helfen.

Habe ich ein weiter ausgebildetes Pferd, so hilft es, dieses in solchen Situationen durch halbe Paraden rechtzeitig noch mal an die Hilfen zu stellen und darauf zu achten, dass das Pferd dabei unbedingt vor den Hilfen bleibt. Ich muss also bei den halben Paraden vorher unbedingt darauf achten, dass diese vor allem mit Gewichts- und Schenkelhilfen geritten werden. Keinesfalls darf ich den Hals mit der Hand formen wollen und dabei mit dem Zügel den Pferdekopf rückwärts herunterfummeln. Denn

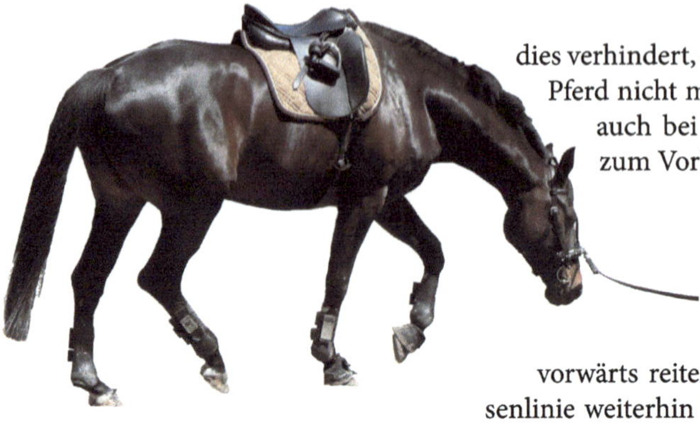

dies verhindert, dass das Pferd vor den Hilfen bleibt. Ist das Pferd nicht mehr vor den treibenden Hilfen, so wird es auch bei dem gefährlichen Gegenstand die Hilfen zum Vorbeireiten nicht annehmen.

Also: In so einer Situation nicht rückwärts denken mit der Hand, auch wenn das Pferd dabei noch so leicht in der Hand bleibt, sondern das Pferd vorwärts reiten im Arbeitstrab und dabei die Stirn-Nasenlinie weiterhin korrekt leicht vor der Senkrechten lassen. Das Pferd wird bei diesen Hilfen merken, dass der Reiter selbst nicht zögert, am gefährlichen Gegenstand vorbeizureiten und diesem desto eher vertrauen und die Hilfen annehmen. Ich muss also darauf achten, weiter losgelassen zu sitzen, vorwärts zu denken und darauf achten, dass schon vor dem Gegenstand meine treibenden Hilfen auch wirklich durchkommen. Dann wird das Pferd die Hilfen auch annehmen, die Sicherheit des Reiters spüren, und zwar aufmerksam und vielleicht etwas angespannt, aber in der Regel willig, an dem Gegenstand vorbei gehen.

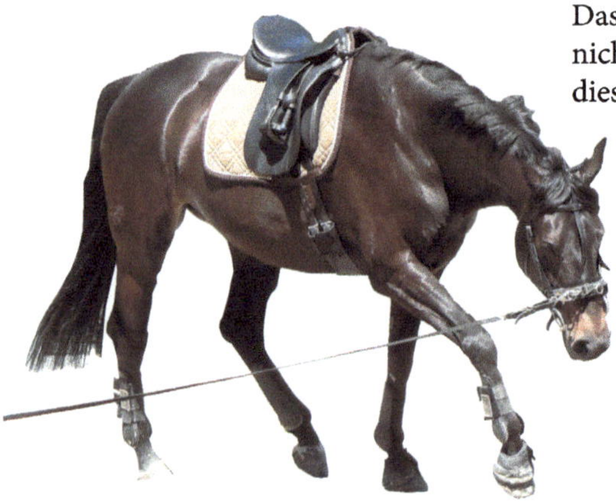

Oben: Im natürlichen Trab an der Longe. Das Hinterbein schleppt dabei hinterher, aber der Zweitakt ist klar erhalten. Durch diesen zwanglosen Gang des Pferdes kommt der Longenführer endlich zum Treiben. Unten: Dieses gefühlvolle Treiben führt mit zunehmender Kraftentwicklung des Pferdes dazu, dass sich allmählich der Arbeitstrab entwickelt. Dabei müssen der Zweitakt und die Zwanglosigkeit erhalten bleiben.

Habe ich ein junges Pferd und reite es und es herrscht viel Unruhe in der Reitbahn oder um die Bahn herum, so kann es auch Sinn machen, eine Stunde abzubrechen. Lieber beende ich eine Stunde vorzeitig und das Pferd hat kein negatives Erlebnis, als dass ich versuche, unbedingt mein vorher gesetztes Ziel zu erreichen. Denn dabei wird das Pferd dann vielleicht auch überfordert, weil es wegen der Unruhe um sich herum nur verspannt geht und ich so wahrscheinlich viel länger reite, als eigentlich sinnvoll ist. Ziele beim Reiten und durchdachtes, planvolles Reiten sind gut, müssen aber auch jederzeit individuell dem Pferd und der Situation angepasst werden.

Beim Reiten gerade junger oder ängstlicher Pferde muss ich auch an Kleinigkeiten denken. So darf ich zum Beispiel keine wehende Jacke beim Reiten tragen, sondern ich muss diese vorher ausziehen. Alles, was das Pferd ängstigt und dem Vertrauen und/oder der Gesundheit schaden könnte, muss unbedingt vermieden werden.

Zwei bis drei Mal in der Woche wurde Calice Noir jetzt ungefähr eine Viertelstunde bis zwanzig Minuten longiert. Die Schwierigkeit des Reitplatzes, auf dem longiert werden durfte, bestand darin, dass er leicht schräg war. Dadurch fiel es Calice Noir noch schwerer, ins Gleichgewicht zu kommen. Sind die örtlichen Gegebenheiten schwieriger, so muss man dem Pferd mehr Zeit in der Ausbildung lassen.

Natürlich gibt es in einigen Ställen aber auch Umstände, die unhaltbar sind, wie ein tiefer oder rutschiger Boden zum Beispiel. Dann ist oft die einzige Möglichkeit, den Stall zu wechseln, wenn an dem Boden nichts geändert wird.

Da Calice Noir noch sehr unausbalanciert war, wurde sie beim Longieren nicht ausgebunden, auch nicht mit sehr langen Ausbindern, um mit Anlehnung in der Tiefe zu gehen. Durch das Gehen ohne Hilfszügel sollte sie die volle Halsfreiheit zum Ausbalancieren haben.

Außerdem sollte die Stute merken, dass nichts von ihr verlangt wurde, was sie nicht leisten könnte und sich über diese niedrigeren Anforderungen körperlich und seelisch entspannen. Das Ziel war der natürliche Trab. Nach einigen Wochen des regelmäßigen Longierens zeigten sich endlich Anzeichen davon. Calice Noir trabte zum Ende des Longierens immer ruhiger und begann, den Hals in die Tiefe lang zu machen. Dies wurde gefördert, indem ihre Besitzerin beim Longieren die Hand vor der Maulspalte führte und sie so aufforderte, den Hals in der Tiefe lang zu machen und die Nase dabei vorzunehmen.

Auch beim Reiten zeigten sich allmählich ähnliche Verbesserungen wie an der Longe. Anfangs eilte Calice Noir unter dem Reiter weiterhin weg. Doch nach ungefähr zehn Minuten wurde sie ruhiger. Sie trabte immer öfter im natürlichen Trab. Doch trotzdem kam die Reiterin noch nicht zum Treiben. Begann sie zu treiben, so wurde aus dem natürlichen Trab sofort ein eiliger Trab mit Taktverlust. Der natürliche Trab musste also noch weiter gefestigt werden.

Wenn Calice Noir im natürlichen Trab ging, so begann sie auch von sich aus, den Hals allmählich lang zu machen und sich dann vermehrt Richtung vorwärts-abwärts zu dehnen. Dieses Dehnen muss der Reiter immer zulassen. Bei einem Pferd, welches bisher wegeilte, kann das schwierig werden, gerade wenn der Reiter das Reiten in die Tiefe bislang nicht kannte. Denn er muss jederzeit zum Nachgeben und Verlängern des Zügels bereit sein, damit das Pferd sich in die Tiefe dehnen kann. Andererseits haben die Reiter in diesen Momenten oft Bedenken, dass ihr Pferd dann wieder beginnen wird, wegzueilen. Der Reiter sollte also genug Erfahrung mit solchen Pferden haben, um den Zügel entsprechend länger zulassen, aber auch nicht selbst aus dem Gleichgewicht zu kommen, wenn das Pferd dann vielleicht wirklich wieder wegeilt. Außerdem muss er den Zügel dann unverzüglich, aber mit Gefühl und ohne das Pferd zu stören wieder nachfassen können.

Auch Calice Noir schaffte es zu diesem Zeitpunkt immer nur für wenige Tritte, den natürlichen Trab mit abwärts gedehntem langem Hals beizubehalten, dann eilte sie wieder weg. Ihre Besitzerin versuchte weiterhin, durch viel Lob diese guten Phasen der Zwanglosigkeit immer länger auszudehnen.

Das Reiten wegeilender Pferde ist nur etwas für geduldige Reiter, die die Nerven haben, abzuwarten, bis das Pferd zwanglos geht, sich treiben lässt und dies auch wirklich gefestigt ist. Ungeduld und falscher Ehrgeiz des Reiters führen bei solchen Pferden sonst dazu, dass die Phasen der Zwanglosigkeit und des Taktes übersprungen werden und das Pferd so nie ins Gleichgewicht unter dem Reiter kommt. Mehr als alle anderen Reiter müssen sich die Reiter eilender Pferde immer wieder Podhajskys Leitspruch "Ich habe Zeit" zurufen.

Kein Verständnis habe ich für die Einstellung einiger Ausbilder, die behaupten, die Ausbildung der

Pferde zum Reitpferd könnte heutzutage schneller verlaufen als wie vor hundert Jahren, weil sich die Zucht verbessert hätte. Sicherlich bringen die Pferde heutzutage von der Veranlagung her oft mehr Schwung mit und sind auch leichter im Genick. Doch gerade die bessere Halsung führt dazu, dass wir oft nur noch auf die Hals- und Kopfhaltung achten. Die leichtere Nachgiebigkeit im Genick mit vermehrter Schwungbegabung führt auch dazu, dass wir nicht mehr darauf achten, dass unsere Pferde auch ihr Gleichgewicht unter dem Reiter finden. Vielmehr befassen wir uns oft sofort mit der Anlehnung und dem, was viele für Schwungentfaltung halten, nämlich eiligem auf der Vorhand reiten. Das führt zu den im Turniersport leider schon etablierten und fälschlicherweise als richtig empfundenen Bildern von kurzen Hälsen und/oder Pferden mit der Stirn-Nasenlinie hinter der Senkrechten und eiligem Tempo, in der Regel verbunden mit dem Verlust des Taktes und der Losgelassenheit.

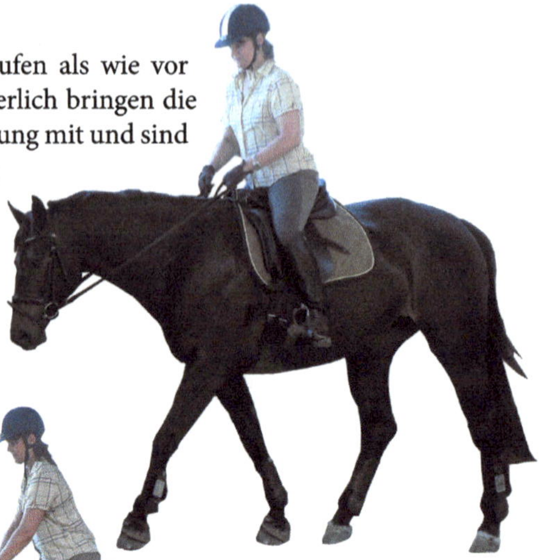

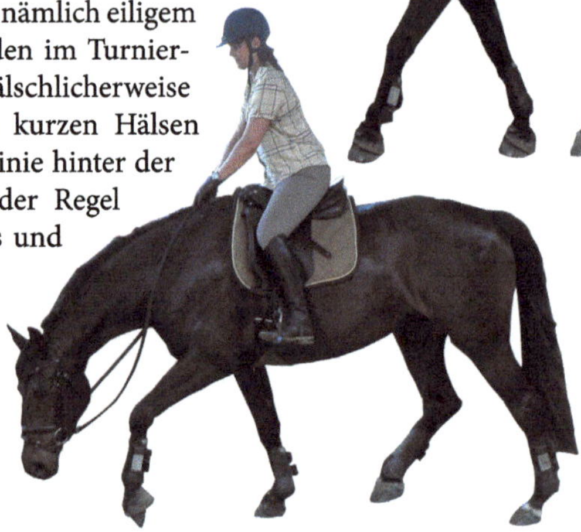

Vom Verbindung haltenden Zügel zum langen Zügel, wenn das Pferd sich loslässt und sich in die Tiefe dehnt. Der Reiter kommt zum Treiben und zum Nachgeben, ohne dass das Pferd wegeilt. Das Pferd entspannt sich, erkennbar auch am zufriedenen Gesichtsausdruck.

Allerdings hat sich auch der Knochenbau der Pferde durch die verbesserte Zucht ebenso wenig verändert wie ihre Psyche. Auch ist das Pferd der Natur nach immer noch ein Lauf-, Flucht- und Herdentier. All diese Faktoren müssen in der Reitlehre immer noch Berücksichtigung finden und werden bei der Ausbildung gemäß der Reitvorschrift berücksichtigt.

Die Ausbildung kann also keinesfalls abgekürzt werden, wenn man Wert darauf legt, ein Pferd auszubilden, welches physisch und psychisch gesund bleiben soll. Die verbesserte Pferdezucht ist nicht dazu da, unsere schnellere und dadurch schlechtere Pferdeausbildung zu kompensieren. Wir sollten also nicht hoffen, dass diese veranlagten Pferde Mängel in der Ausbildung verdecken, sondern unsere Chancen nutzen, diese guten Pferde zusammen mit der bewährten klassischen Ausbildung zu vertrauensvollen, ausdrucksvollen und zwanglosen Reitpferden auszubilden.

Die oben beschriebene Arbeit an der Longe wie unter dem Reiter wurde in den nächsten Monaten fortgesetzt. Das Ziel war dabei immer der Takt und die Zwanglosigkeit. Erschwerend kam in dieser Zeit die kalte Witterung des Winters dazu. Calice Noir kam zwar weiterhin den ganzen Tag auf den Sandpaddock, dieser war aber gefroren, sodass die Pferde sich dort nur langsam im Schritt bewegten. Auch das Ablongieren konnte ihren Bewegungsdrang bei den Minustemperaturen nur etwas stillen.

Das ist oft ein Dilemma in der Ausbildung junger Pferde. Aufgrund ihres jungen Alters, in dem sie in der Regel noch nicht ausgewachsen sind, kann man das Training an der Longe oder unter dem Reiter nicht endlos ausdehnen. Um den Bewegungsdrang zu stillen und danach dann zum Takt, zur Zwanglosigkeit und zum Treiben zu kommen, wäre es aber häufig nötig, länger zu arbeiten, als es gesundheitlich vertretbar wäre.

Leider tun dies viele Reiter auch, weil sie fälschlicherweise meinen, ihr junges Pferd hätte schon genug Kraft für längere Trainingseinheiten, nur weil es sich bewegen möchte. Dies ist aber ein Trugschluss. Denn das junge Pferd möchte gerade im Winter seinen Bewegungsdrang stillen, weiß aber natürlich nicht, dass das Reiten von Wendungen, welche wir in der Reitbahn durch die Ecken unvermeidlicherweise ständig durchführen müssen, schädlich für die Beine sein kann, wenn sie zu lange und vor allem in zu eiligem Tempo durchgeführt werden. Der Reiter ist also dafür verantwortlich, dies zu beachten und rechtzeitig aufzuhören, auch wenn er vielleicht nicht zu seinem geplanten Ziel gekommen ist. Aber besser man erreicht sein Ziel in solchen Trainingsstunden nicht und hat ein gesundes Pferd, als ein Pferd, welches einen Schaden am Bewegungsapparat erleidet, weil der Reiter es aus persönlichem Ehrgeiz heraus überfordert hat. Ich bemühe mich deswegen, die Anforderungen gerade im Winter den Gegebenheiten anzupassen und auch im Winter meine Pferde möglichst artgerecht zu halten.

Erst als die Zwanglosigkeit und der Takt gesichert waren und ihre Besitzerin zum Treiben kam, wurden allmählich die Losgelassenheit und das Reiten mit Anlehnung in der Tiefe bei Calice Noir angestrebt. Ging Calice Noir zwanglos, so begann sie von sich aus immer wieder, sich mit langem Hals in die Tiefe zu dehnen. Es ist immer wieder schön zu sehen, wie die jungen Pferde von sich aus den Hals zum Ausbalancieren nutzen, wenn man sie denn lässt und durch das zwanglose Reiten die Voraussetzungen dafür schafft.

Der Hals ist die Balancierstange und wird bei richtiger Ausbildung auch dementsprechend genutzt. Das in die Tiefe dehnen mit langem Hals zum Ausbalancieren sorgte dafür, dass Calice Noir von sich aus in die richtige Haltung kam, um daraus später mit Anlehnung in der Tiefe zu gehen. Bevor nämlich die Anlehnung gestattet werden darf, muss das Pferd diese von selbst durch Langmachen des Halses suchen. Dies versuchte Calice Noir jetzt immer öfter. Ihre Reiterin ließ das Langmachen des Halses zu. Das war nicht immer einfach, da sie einerseits jederzeit zum Nachgeben mit den Zügeln bereit sein musste, andererseits auch blitzschnell, aber vorsichtig die Zügel wieder nachfassen musste, falls Calice Noir sich kurz darauf wieder heraushob und davoneilte. Anfangs waren es nur ungefähr drei Trabtritte, die sich Calice Noir in die Tiefe dehnte, bevor sie sich wieder heraushob und davoneilte. Mit zunehmender Ausbildung wurde das Reiten mit Anlehnung in der Tiefe immer sicherer.

Doch immer wieder gab es auch Rückschritte, Tage, an denen Calice Noir sehr unruhig war und immer wieder davoneilte, obwohl sie vorher ablongiert wurde. An der Longe ging sie zunehmend ruhiger. Doch unter dem Reiter schien sie sich immer mal wieder noch nicht ganz wohl zu fühlen. Dann hielt sie sich im Rücken fest und eilte davon. Bei vielen jungen Pferden hilft es, ruhig und passiv zu sitzen und nur abzuwarten, bis sie ruhiger traben und daraus beginnen, den Hals fallen zu lassen. Doch bei Pferden, die aus irgendwelchen Gründen einmal Angst vor dem Reiter bekommen haben, auch wenn auf den ersten Blick nichts vorgefallen ist, muss darauf geachtet werden, dass diese nicht immer mehr ins Rennen geraten, der Reiter deswegen unruhiger sitzt, das Pferd dadurch noch nervöser wird.

Auch die Sicherheit des Reiters muss dabei mit berücksichtigt werden, sodass dieser, wenn das ruhige Sitzen und Abwarten nicht ausreicht, den Verbindung haltenden Zügel sowie Gewichts- und Schenkelhilfen mit einsetzen muss, um ein Pferd zu beruhigen. Calice Noir musste aufgrund ihrer Vorerfahrungen also eher leider wie ein Korrekturpferd behandelt werden und nicht wie ein rohes Pferd. Dabei ist es besonders wichtig, dass der Reiter bei so einem jungen Pferd sofort nachgibt, wenn das Pferd reagiert und ruhiger trabt und sich auf keinen Fall festzieht. Auch sollte immer versucht werden, das Pferd mittels Stimme zu beruhigen.

Als Calice Noir zwanglos dahintrabte, fiel sie öfter in Schritt, anstatt im natürlichen Trab zu bleiben. Dies ist gerade bei Pferden, die sonst zu eilig traben, immer wieder zu beobachten. Keinesfalls darf der Reiter das Pferd dann mit zu viel Druck wieder antraben oder gar strafen für das Durchparieren. Denn dann würde das Pferd wieder eilig antraben und davoneilen und der Reiter kann von vorne mit seiner Arbeit beginnen. Vielmehr sollte der Reiter das Pferd mit ganz feinen Hilfen wieder antraben und es quasi in den Trab vorsichtig hineinlaufen lassen. Macht er zu viel Druck und schiebt das junge Pferd mit der Hinterhand in diesem Augenblick zu viel nach, so wird es dadurch wieder aus dem Gleichgewicht geraten und eilen. Der Reiter kann versuchen, das Durchparieren zu vermeiden, in dem er im natürlichen Trab mit dem Durchparieren rechnet und im richtigen Moment leicht nachtreibt. Doch trotzdem parieren viele junge Pferde anfangs immer mal wieder aus dem natürlichen Trab zum Schritt durch. Sie müssen erst erlernen, sich auf diesen zwanglosen Bewegungsablauf einzulassen und verstehen, dass sie ruhiger gehen sollen, aber nicht in Schritt zu fallen brauchen. Außerdem müssen sie die nötige Kraft für dieses zwanglose, taktvolle Gehen entwickeln und dieses neue Bewegungsmuster verinnerlichen.

Calice Noir sollte ruhig lernen, dass es noch andere Alternativen außer das Wegeilen unter dem Reiter gab und dass es durchaus erlaubt war, auch ruhiger zu gehen. Dies hatte sie beim Anreiten nicht gelernt.

Bei jungen, wegeilenden Pferden wie Calice Noir ist es besonders wichtig, dass sie immer mit einem guten Gefühl die Trainingseinheit beenden. Calice Noir sollte lernen, dass die Reitbahn ein Ort der Ruhe ist. Dazu war es wichtig, dass sie lernte, zwanglos zu gehen. Sie sollte mit einem angenehmen Gefühl aus den Trainingseinheiten gehen, physisch wie psychisch entspannt. So soll das Pferd das Reiten mit einem angenehmen Gefühl verbinden.

Calice Noir neigte weiterhin trotz vorherigen Longierens noch zum Wegeilen. Um die Zwanglosigkeit unter dem Reiter zu erreichen, war es nach einigen Monaten sinnvoll, einige Minuten durchzutraben. Calice Noir sollte dadurch etwas an Gehfreude verlieren und dadurch zur Ruhe kommen. Dabei musste ihre Besitzerin einerseits immer darauf achten, Calice Noir nicht zu lange zu reiten, um eine Überforderung zu vermeiden und andererseits doch zum Ziel der Zwanglosigkeit zu kommen. Sehr wichtig war dabei immer der beruhigende Einsatz ihrer Stimme, da Calice Noir mit zunehmender Übung immer besser darauf reagierte.

Neben dem Wegeilen neigte Calice Noir dazu, gegen den inneren Schenkel in die Bahn hinein zu drängen. Dies war ein weiteres Zeichen dafür, dass sie selbst auf der geraden Linie noch gar nicht ihr Gleichgewicht unter dem Reiter gefunden hatte. Keinesfalls darf man dann nur auf einem kleinen

Zirkel reiten. Ganz im Gegenteil, wir ritten Calice Noir eigentlich nur ganze Bahn. Nur wenn sie viel zu eilig war, gingen wir aus Gründen der Korrektur kurze Zeit auf einen Zirkel, um so zu versuchen, Calice Noir etwas im Tempo aufnehmen zu können, wenn das Beruhigen mit der Stimme nicht half. Dies sollte man aber nicht mit einem angerittenen Pferd machen, sondern nur mit einem Korrekturpferd, da sich ein angerittenes Pferd noch gar nicht auf dem Zirkel ausbalancieren kann.

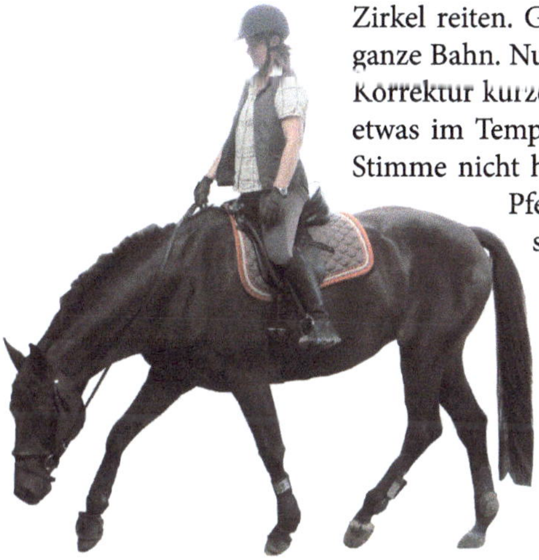

Mit viel Geduld und Ruhe gelingt es, dass Calice Noir immer öfter den Hals fallen lässt und sich treiben lässt, sodass der Reiter vorsichtig die Hinterhand durch das Treiben aktivieren kann. Das Vertrauen zum Reiter ist größer geworden, sodass ab und zu schon das Reiten mit einhändiger Zügelführung möglich ist. Calice Noir gab auch den Rücken immer sicherer her, sodass sich ihre Reiterin jetzt aufrecht und entspannt hinsetzen konnte.

Auch an der Longe zeigte Calice Noir noch deutliche Balanceprobleme. Sie ging anfangs auf beiden Händen in deutlicher Außenstellung, selbst wenn sie dabei mittlerweile losgelassen trabte. Im weiteren Verlauf der Ausbildung an der Longe, als Calice Noir regelmäßig losgelassen ging, arbeiteten wir daran, sie durch halbe Paraden an der Longe, die weiterhin am Kappzaum befestigt war, allmählich gerade zu richten und immer wieder die Außenstellung zu korrigieren. Calice Noir wurde dabei weiterhin nicht ausgebunden, da sie nur in die Tiefe longiert wurde und wir ihr die größtmögliche Freiheit des Halses zum Ausbalancieren geben wollten. Dabei verlangten wir aber noch keine Innenstellung, sondern wir versuchten nur immer wieder für einige Tritte, Kopf und Hals vorsichtig gerade zu stellen. Dadurch gelang es, dass Calice Noir allmählich immer seltener in Außenstellung an der Longe ging.

Beim Reiten war Calice Noir alleine durch das Treiben mit dem inneren Schenkel nicht auf den ersten Hufschlag herauszutreiben. Vor allem war das Problem, dass sie dabei immer wieder eiliger werden wollte. Ihre Besitzerin hatte sich deswegen angewöhnt, fälschlicherweise die innere Hand über den Mähnenkamm zu ziehen, um so zu versuchen, Calice Noir auf den ersten Hufschlag zu bekommen. Das führte aber nur dazu, dass Calice Noir in ihrem Gleichgewicht immer wieder gestört wurde und sie auch einfach nicht verstand, was ihre Reiterin von ihr wollte.

Wir korrigierten das Hineindrängen in die Bahn, in dem wir natürlich weiterhin versuchten, Calice Noir mit dem inneren Schenkel herauszutreiben. Zusätzlich nahm ihre Besitzerin nun die äußere Hand etwas seitlich weg vom

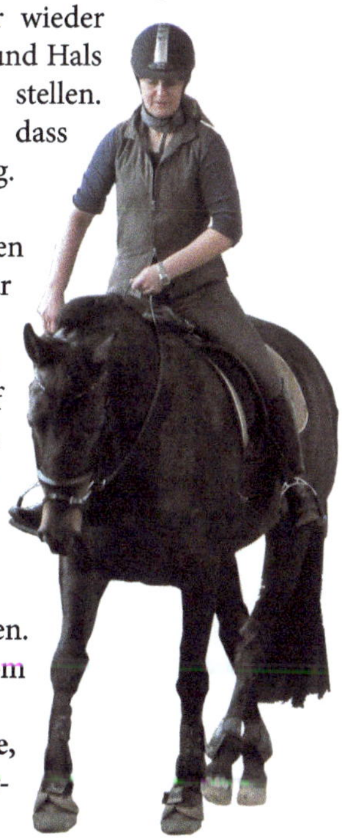

Weil Calice Noir noch unausbalanciert ging und in die Bahn drängelte, versuchte ihre Reiterin, sie herauszutreiben. Dabei zog sie fälschlicherweise die innere Hand über den Mähnenkamm.

Pferd, um mit diesem seitwärts weisenden äußeren Zügel zusammen mit dem inneren Schenkel Calice Noir den Weg zur Bande weisen. Dabei nahm Calice Noir wie an der Longe eine leichte Außenstellung ein, die wir zuließen, weil sie so weniger Gewicht auf dem inneren Hinterbein aufnehmen musste und sich so leichter ausbalancieren konnte. Denn auch wenn wir Calice Noir außen auf den Hufschlag reiten wollten, so wollten wir verhindern, dass wir sie auf dem Weg dorthin im Gleichgewicht und/oder Tempo störten. Wichtig ist also, dass der Reiter nur mit Impulsen mit dem äußeren Zügel nach außen weist und nicht mit dem inneren Schenkel beginnt zu klemmen.

Wenn Calice Noir den Hufschlag erreichte, so gab ihre Reiterin sofort wieder außen ganz nach. Wichtig war, dass Calice Noirs Reiterin ihre Hilfen zum Verhindern des Hineindrängens deutlich und vor allem rechtzeitig gab, damit Calice Noir die Hilfen verstand und sich auch bemühte, diese anzunehmen. Mit zunehmender Übung ging Calice Noir immer sicherer auf dem Hufschlag und drängelte immer seltener in die Bahn. Sie hatte wohl auch gemerkt, dass das Ausbalancieren auf langen, geraden Linien deutlich leichter war als das ständige in die Bahn drängen. Calice Noir begann dadurch auch zu begreifen, dass sie einfach nur geradeaus gehen sollte, wenn ihre Reiterin beide Gesäßknochen gleichmäßig belastete, sie kam so also auch allmählich an den Sitz des Reiters.

Calice Noirs Besitzerin hatte von Anfang an versucht, durch das Reiten im Entlastungssitz Calice Noir das Tragen des Reiters zu erleichtern und sie dadurch zur Ruhe zu bringen. Das war zum damaligen Zeitpunkt das richtige Vorgehen. Da Calice Noir nun losgelassen ging, sollte ihre Reiterin sich aufrechter hinsetzen. Dies hatte mehrere Gründe. Erstens neigte Calice Noirs Besitzerin beim Reiten im Entlastungssitz dazu, mit ihren Schenkeln zu weit nach hinten zu rutschen. Das barg die Gefahr, dass sie unruhig mit dem Schenkel wurde und Calice Noir deswegen wieder vermehrt wegeilte. Außerdem verliert der Reiter so schneller das Gleichgewicht.

Zweitens sollte Calice Noir durch das aufrechte Sitzen ihrer Reiterin, welches natürlich weiterhin erst nur im Leichttraben durchgeführt wurde, lernen, den Reiter bei dem kurzen Einsitzen während des Leichttrabens, tief einsitzen zu lassen, ohne sich dabei im Rücken festzuhalten. Da Calice Noirs Besitzerin über viele Monate nur entlastend gesessen hatte, fiel ihr die Umstellung erst einmal schwer und sie fiel immer wieder in den Entlastungssitz zurück.

Natürlich gab es auch immer wieder Rückschritte in der Ausbildung. Viel Geduld erforderte weiterhin das Wegeilen. Longierte man Calice Noir ab, so ließ sie mittlerweile schon nach wenigen Runden den Hals fallen und trabte ruhig dahin. Beim Reiten sah dies danach trotzdem immer mal wieder ganz anders aus. Die Hoffnung, dass Calice Noir nach dem Longieren beim Reiten direkt so zwanglos ging wie an der Longe, erfüllte sich in den ersten Monaten nie. Daran sah ich noch einmal, wie tief das Misstrauen vor dem Reiter saß.

Vom Reiter wird wieder viel Geduld verlangt, wenn man als Ziel erst einmal nur die Zwanglosigkeit vor Augen hat, diese an der Longe auch nach wenigen Runden gezeigt wird, aber es unter dem Reiter doch jedes Mal ungefähr 25 Minuten dauert, bis dieses Ziel erreicht ist und damit die Stunde beendet werden kann.

Calice Noir zeigte außerdem leichte Anzeichen eines starken Sattelzwanges. Sie legte beim Satteln jedes Mal deutlich die Ohren an und buckelte an der Longe mit angespanntem, rundem Rücken anfangs immer heftig los. Auch hier ist es hilfreich, wieder einen Schritt zurückzugehen und zum Beispiel das

Pferd einfach mal in der Box beim Füttern zu satteln und es nach dem Fressen wieder abzusatteln, um das Unbehagen vor dem Sattel abzubauen.

Leider sind solche Fehler, die beim Einreiten gemacht werden, nur mit viel Geduld und oft auch gar nicht vollständig wieder zu beheben.

Um Calice Noir besser verständlich zu machen, wohin sie der nachgebenden Reiterhand folgen sollte und damit das Reiten in die Tiefe zu erleichtern, führten wir nach einigen Wochen regelmäßig das Abkauen lassen an der Hand vor dem Reiten durch. Dabei war es besonders wichtig, dass Calice Noir lernte, sich nach dem Nachgeben im Genick mit langem Hals nach unten zu dehnen. Sie war dabei von Beginn an sehr willig und konzentriert. Allerdings fiel es ihr schwer, den Hals nach unten ganz lang zu machen, da sie vom Exterieur her eher einen kurzen Hals hatte. Wir übten dies weiter, bis Calice Noir verstanden hatte, dass sie dem länger werdenden Zügel Richtung vorwärts-abwärts folgen sollte. Das wiederholten wir vor jedem Reiten zwei bis drei Mal.

Hatte Calice Noir dies vom Boden aus verstanden, dann würde sie das Gelernte irgendwann auf das Reiten übertragen können und dem nachgebenden Zügel nach vorwärts-abwärts folgen und nicht, wie es häufig noch der Fall war, nur schneller werden, ohne sich zu dehnen.

Außerdem hat das Abkauen lassen an der Hand vor dem Reiten den Vorteil, dass Calice Noir schon einmal im Genick nachgeben und sich dehnen musste, sodass sie dadurch gelöster unter dem Reiter beginnen konnte.

Das Longieren vor dem Reiten wurde trotzdem beibehalten um die Dehnungshaltung in der Bewegung weiter zu festigen. Das Longieren wurde aber bei zunehmender Ausbildung immer kürzer durchgeführt, da Calice Noir mittlerweile schon nach wenigen Runden losgelassen trabte. Unter dem Reiter war es nicht das vorrangige Ziel, Calice Noir zur Losgelassenheit zu bringen, um dann sofort in der Ausbildung direkt weitergehen zu können; vielmehr ging es darum, dass Vertrauen zum Reiter und die Losgelassenheit zu festigen und diese in immer kürzerer Zeit zu erreichen, sodass wir irgendwann mit einem losgelassenen Pferd die Trainingseinheit beginnen könnten. Erst dann würden wir in der Ausbildung einen Schritt weiter gehen können.

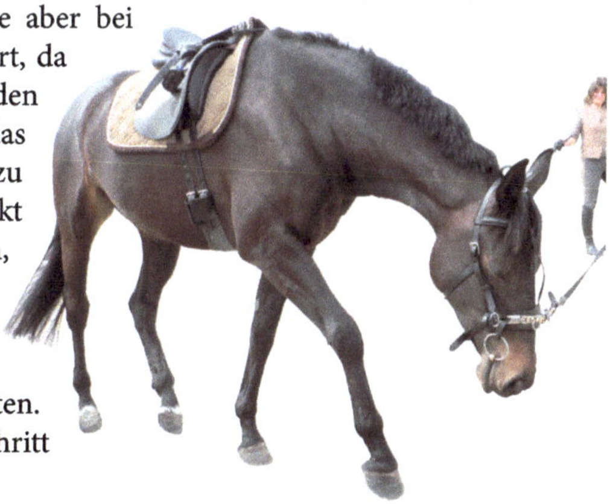

Die ersten Anzeichen, dass sich die Losgelassenheit unter dem Reiter festigte, zeigte Calice Noir überraschenderweise im Schritt. Im Schritt ging sie nun während des Reitens immer ruhig und gelassen mit langem Hals und dehnte sich sehr gut von sich aus in die Tiefe.

In ruhigem Tempo, physisch und psychisch entspannt, an der Longe mit beginnender Längsbiegung. Die Longenführerin führt die Longe korrekt tendenziell leicht vor der Maulspalte, um das Langwerden des Halses in die Tiefe zu unterstützen und ein Engwerden zu verhindern.

Natürlich wirkte ihre Reiterin im Schritt noch gar nicht auf die Kopfhaltung ein, um den Schritt nicht zu stören. Calice Noirs Schritt wurde zu diesem Zeitpunkt auch deutlich länger und schreitender, ohne eilig zu werden. Vorher ging sie im Schritt immer recht verhalten, obwohl ihre Reiterin meistens mit hingegebenem Zügel, und wenn das nicht möglich war, nur mit Verbindung haltendem Zügel ritt.

An der Longe wurde Calice Noir mit der Zeit immer ruhiger und auch ausbalancierter. Sie stellte sich nur noch selten deutlich nach außen und zeigte eine beginnende Längsbiegung.

Nach einigen weiteren Trainingseinheiten unter dem Sattel mit vorheriger Longenarbeit stellte sich auf einmal eine deutliche Verbesserung ein. Im Schritt war Calice Noir von Anfang an sehr entspannt. Im Trab eilte sie wieder weg, aber nur wenige Tritte. Dann ließ sie sich sofort aufnehmen und ging im natürlichen Trab. Sofort ließ sie auch den Hals ganz fallen, was ihre Reiterin natürlich zuließ. Calice Noirs Reiterin trieb leicht weiter, damit Calice Noir nicht in Schritt fiel.

Wir hatten jetzt also das erreicht, was wir von Anfang an angestrebt hatten. Calice Noir verhielt sich nach ungefähr sieben Monaten endlich wie ein normales, angerittenes Jungpferd, welches gelernt hat, dem Reiter zu vertrauen und welches den langen Hals dazu benutzte, sich auszubalancieren. Da Calice Noir nun die Losgelassenheit von sich aus anbot, versuchten wir nur, sie nicht zu stören, warteten ab, trieben sie etwas vorwärts und ließen jedes Dehnen in die Tiefe zu.

Nach einigen wenigen Runden beendeten wir die Trainingseinheit. Calice Noir sollte dadurch lernen, dass das Reiten viel unanstrengender war, wenn sie nicht wegeilte und begann, sich in die Tiefe zu dehnen.

In der nächsten Trainingseinheit ging Calice Noir von Anfang an genauso zwanglos im natürlichen Trab. Beim Antraben eilte sie nur noch ungefähr fünf Tritte weg, um sich dann von ihrer Reiterin abfangen zu lassen. Sofort danach ging Calice Noir entspannt im natürlichen Trab mit fallengelassenem Hals.

Wie die meisten jungen Pferde, wenn man sie lässt, nutzte sie ihren ganzen Hals zum Ausbalancieren und nahm die Nase dabei ganz tief, sodass sie fast den Boden mit dem Maul berührte. Calice Noir gab dabei jede Spannung auf. Erkennbar war dies auch daran, dass ihre Reiterin endlich im Leichttraben aufrecht sitzen konnte. Wenn sie vorher nicht im Entlastungssitz, sondern aufrecht saß, eilte Calice Noir immer wieder davon. Jetzt ließ Calice Noir ihre Reiterin gut sitzen.

Als sie den Hals konstant gut fallen ließ, saß ihre Reiterin immer mal wieder zwei Tritte aus. Auch dies gelang, ohne dass Calice Noir eiliger wurde. Ihre Reiterin konnte tief einsitzen, ohne dass Calice Noir ihr Tempo und ihre Haltung veränderte. Dieses kurze Aussitzen für zwei bis drei Tritte übten wir nur ungefähr vier Mal, um Calice Noir nicht zu überfordern. Nach einigen Trabrunden auf beiden Händen mit Schrittpausen beendeten wir die Trainingseinheit nach zehn Minuten.

Es ging nun darum, dieses richtige Gehen des angerittenen Pferdes zu festigen. Dabei schalteten wir, wenn möglich, weiterhin alle störenden Umgebungsfaktoren aus. Wir wollten auf jeden Fall vermeiden, dass Calice Noir in ihre alten Gewohnheiten zurückfiel. So ritten wir lieber kürzer, als zum Beispiel mit einem anderen Reiter, der vielleicht ein unruhiges Pferd reiten wollte, in der Bahn zu sein. Es war sehr schön zu erleben, wie Calice Noir immer mehr jede negative Anspannung aufgab und mit natürlichen Bewegungen und Vertrauen unter ihrer Reiterin ging.

Bei der Unterrichtserteilung lobte ich Calice Noir oft mit der Stimme. Dies führte dazu, dass sie sich nach einiger Zeit durch ein langgezogenes "Braaav" meinerseits schnell beruhigte und dadurch im Trab zurücknehmen ließ. Auch lobte ich sie zwischendurch immer mal wieder mit einem Leckerchen. Dadurch lernte Calice Noir, dass der Mensch in der Mitte der Reitbahn ihr nichts tun wollte und sie diesem vertrauen konnte.

Das hatte den Vorteil, dass ich auch vom Boden aus auf Calice Noir einwirken konnte und so ihre Reiterin unterstützen konnte. Anfangs hatte Calice Noir kein Vertrauen zu Menschen, die in der Reitbahn standen. Beim Longieren schien sie den Menschen früher vorrangig nur als jemanden kennengelernt zu haben, der sie vorwärts scheuchen wollte und Unruhe verbreitete. Dies ist dann in der Reitbahn wahrscheinlich weiter so gehandhabt worden. Wahrscheinlich wurde sie vor dem Reiten öfter laufen gelassen und ordentlich getrieben, damit sie sich austobte. Sicher kann man ein Pferd zum Austoben vor dem Reiten laufen lassen, aber auch dies muss mit Ruhe und dem Ziel der Losgelassenheit geschehen und keinesfalls darf das Pferd dabei das Vertrauen zum Menschen verlieren.

Calice Noir neigte nun beim Reiten ab und zu dazu, im Schritt von sich aus zu mir gehen zu wollen, um ein Leckerli zu bekommen. Dies war aber nicht schlimm. Schließlich hatte sie nun Vertrauen zu mir gefunden und es war ein Leichtes, sie weiterzutreiben. Lieber einmal treiben müssen, als dass das Pferd ständig unter einem wegeilt und man aus Sicherheitsgründen leider immer mal wieder die Zügel zum Aufnehmen einsetzen muss.

Außerdem sollte Calice Noir merken, dass sie sich beim Menschen wohl und sicher fühlen konnte. Das kann hilfreich sein, wenn sich das Pferd zum Beispiel erschreckt. Dann kann ich von der Bahnmitte aus zusammen mit dem Reiter beruhigend auf das Pferd einwirken.

Früher, wenn Calice Noir sich erschreckte und kurz losgaloppierte, machte sie um mich noch einen großen Bogen und schlug dadurch zusätzlich einen Haken. Sie war wohl immer in der Erwartung, dass alle Menschen, die in der Reitbahn standen, sie wegscheuchen wollten, so, wie sie es wohl vorher erlebt hatte. Natürlich muss das Pferd Respekt vor dem Menschen haben, aber wenn es Angst oder Misstrauen zeigt, dann habe ich keine Grundlage für eine Zusammenarbeit zwischen Pferd und Mensch im Sinne der klassischen Reitlehre.

Da die Losgelassenheit im Schritt und Trab jetzt an der Longe sicher erarbeitet worden waren, nahmen wir nun vorsichtig den Galopp in die Longenarbeit mit auf. Dehnte sich Calice Noir im Trab gut in die Tiefe, so trieben wir gefühlvoll nach, um das Angaloppieren vorzubereiten. Gleichzeitig führten wir die Longenhand noch deutlicher vor die Maulspalte. Calice Noir sollte so verleitet werden, mit langem Hals in die Tiefe anzugaloppieren. Das gelang auf Anhieb recht gut. Calice Noir machte den Hals lang und balancierte sich so aus. Sie galoppierte ruhig und zwanglos.

Keinesfalls darf die Dehnungshaltung durch ein übereiltes Tempo erarbeitet werden. Denn dann hätte Calice Noir neben dem Takt auch ihr Vertrauen und ihre Losgelassenheit wieder verloren. Nach ungefähr jeweils einer Runde Galopp parierten wir wieder durch.

Erfahrungsgemäß halten die jungen Pferde diesen ruhigen Galopp auch nicht viel länger durch, kommen dann aus dem Gleichgewicht und fangen an zu eilen. Nach dem Galopp warteten wir erst wieder, bis Calice Noir völlig losgelassen trabte, bevor wir neu angaloppierten. Natürlich wechselten wir auch weiterhin häufig die Hand. Der Galopp diente bei Calice Noir auch dazu, ihren Bewegungsdrang zu stillen, da es unter dem Reiter zu diesem Zeitpunkt ja nur darauf ankam, dass sie losgelassen ging. Die Losgelassenheit unter dem Reiter wurde an diesem Punkt der Ausbildung schon nach wenigen Runden erreicht und die Arbeit unter dem Reiter damit beendet, ohne dass Calice Noir sich viel bewegt hatte. Natürlich kam sie auch jeden Tag auf die Weide, und zwar absichtlich auch schon vor dem Reiten. Als dies einmal nicht ging, war sie an der Longe verständlicherweise nach langer Zeit wieder einmal sehr explosiv und stürmte und buckelte direkt los.

Nach einigen Wochen gab es einen Zeitpunkt, an dem sich Calice Noir besser auf einem großen Zirkel in Dehnungshaltung reiten ließ. Auf der ganzen Bahn fing sie wieder an wegzueilen. Das Reiten auf dem Zirkel war eine reine Korrekturmaßnahme. Denn das junge Pferd balanciert sich immer auf der geraden Linie am besten aus, da dies die natürlichste und einfachste Linie ist.

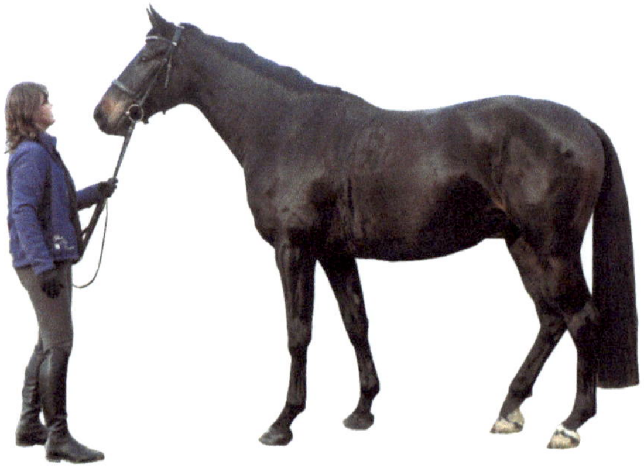

Zum Vergleich: Calice Noir, bevor wir systematisch mit ihrer Ausbildung quasi von vorne begannen. Ihr Hals wirkte kurz und hatte wenig Bemuskelung an der Oberlinie.

Calice Noir trabte auf dem Zirkel nach wenigen Runden auf beiden Händen losgelassen. Dabei wurden nur williges Wenden und keine Längsbiegung verlangt. Als dies sicher gelang, begannen wir, den Zirkel an der offenen Seite immer größer zu reiten. Dadurch gelangten wir allmählich wieder zum Reiten auf der ganzen Bahn mit abgerundeten Ecken, ohne dass Calice Noir wieder begann wegzueilen.

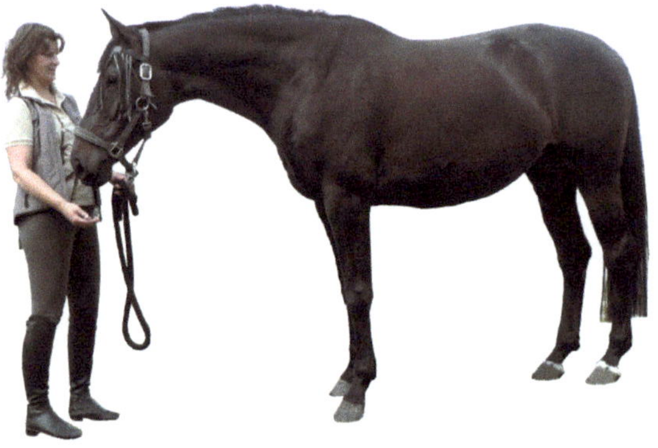

Sieben Monate später, nachdem sie den in diesem Kapitel beschriebenen Ausbildungsverlauf durchlaufen ist (der auch noch lange nicht zu Ende ist). Der Hals wirkt länger, ist besser bemuskelt, und Schulter und Sattellage haben sich durch die Bemuskelung mehr ausgeprägt.

Vielmehr hatten wir nun den Eindruck, dass Calice Noir das Reiten auf den längeren geraden Linien wieder entgegenkam. Sie war bemüht sich mit langem Hals auszubalancieren und ließ sich dabei zufriedenstellend geraderichten. Auf der rechten Hand neigte sie, wie früher auch schon mal, auch auf der ganzen Bahn dazu, immer wieder mit der Hinterhand Richtung zweiten Hufschlag zu drängen. Durch ganz leichtes Vorwärtsreiten versuchte ihre Reiterin, dies zu korrigieren. Dabei darf man keinesfalls erwarten, dass das Pferd sofort reagiert und sich geraderichtet. Vielmehr wird es den vortreibenden Schenkel während der nächsten Tritte aufgrund noch mangelnder Schubkraft der Hinterhand erst verzögert annehmen können und beim Vorwärtsgehen allmählich die Hinterhand wieder auf den ersten Hufschlag nehmen.

Mit zunehmender Losgelassenheit wurden Calice Noirs Bewegungen immer pendelnder, was ein Zeichen für ein gutes Loslassen der Muskulatur ist. Wir hatten den Eindruck, dass Calice Noir nun verstanden hatte, was der Reiter von ihr wollte. Da sie merkte, wie angenehm dieses Gehen mit Anlehnung in der Tiefe war, war sie bemüht, dieses umzusetzen. Auch das Vertrauen zu ihrer Reiterin und zu mir wurde zusehends größer. Sie schien es jetzt zu genießen, dass man sich mit ihr beschäftigte und dass sie darüber viel Lob erfuhr.

An der Longe sah man immer mal wieder Calice Noirs deutlichen, leider immer noch vorhandenen, Sattelzwang. Sie buckelte oft die erste halbe Runde mit festem, rundem Rücken und kurzem, engem Hals. Auch war an der Longe zu beobachten, dass Calice Noir sich immer noch mal im Trab im Rücken festhielt. Sie ging zwar an der Longe im Trab jetzt immer in guter Dehnungshaltung, trabte aber dabei häufig noch mit recht gebundenen Bewegungen. Beobachtete man sie freilaufend, so lief sie deutlich raumgreifender und schwunghafter als an der Longe und unter dem Reiter. Gesundheitlich war Calice Noir durchgecheckt worden und auch der Sattel war kontrolliert worden. Wir gingen also davon aus, dass es immer noch an ihren alten, nicht guten, ersten Erfahrungen mit dem Reiter und dem Sattel lag, wenn sie sich so festhielt.

Wir ließen Calice Noir weiterhin viel Zeit und nach einigen weiteren Wochen zeigte sie immer mal wieder schwunghaftere und raumgreifendere Trabtritte, allerdings nur auf der geraden Linie unter dem Reiter und noch nicht an der Longe.

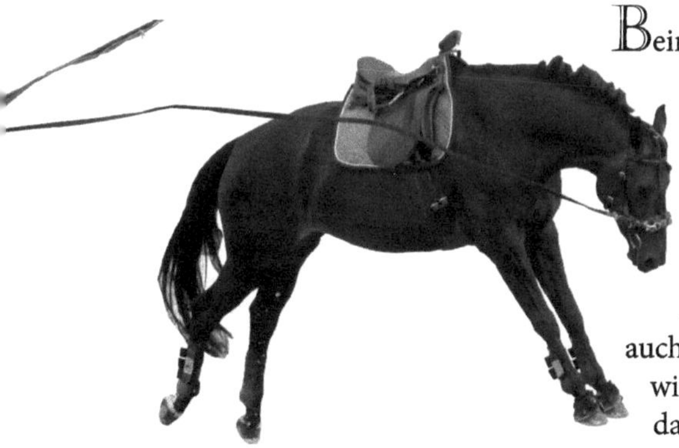

Typisches Buckeln bei Sattelzwang mit festgehaltenem, rundem Rücken und kurzem Hals.

Beim Reiten mit Anlehnung in der Tiefe auf der ganzen Bahn entwickelten wir nun den Arbeitstrab weiter. Je nach Tagesform gelangen Calice Noir immer mal wieder einige schwunghaftere Tritte. Dieser Entwicklung der Schubkraft widmeten wir in den nächsten Monaten nach der Gewöhnungsphase und Entwicklung der Zwanglosigkeit besondere Aufmerksamkeit. Als die Anlehnung in der Tiefe auch auf gerader Linie gesichert war, saßen wir immer wieder für einige Tritte aus. An manchen Tagen gelang das gut, aber noch nicht regelmäßig.

Nachdem sich das Aussitzen beim Reiten mit Anlehnung in der Tiefe gefestigt hatte, begannen wir, Calice Noir für einige Tritte lang aufzurichten. Dabei fasste ihre Reiterin die Zügel im Schritt nach, ohne auf die Kopfhaltung und Genickbiegung einzuwirken. Sie achtete nur darauf, dass Calice Noir ausbalanciert geradeaus lief, der Takt im Schritt erhalten blieb und sie Calice Noir an beide Zügel herantrieb, um eine gleichmäßige, aber weiche Verbindung zu erhalten. Nach einigen Schritten trabte sie im ausgesessenen Trab an. Dabei achtete die Reiterin darauf, etwas vorwärts zu reiten, aber ohne, dass der Takt verloren ging. Dabei trieb sie Calice Noir an beide Zügel heran, ohne das Genick aktiv formen zu wollen. Durch das Nachtreiben wurde die gleichmäßige Anlehnung und korrekte Aufrichtung erreicht. Wichtig war, Calice Noir dabei mit ruhigem Sitz ausbalanciert zu reiten, denn nur, wenn sie das Gleichgewicht behielt, konnte sie in schöner Selbsthaltung gehen. Nach sechs bis sieben Trabtritten in Gebrauchshaltung trabte Calice Noirs Reiterin leicht und ließ die Zügel aus der Hand kauen.

Dass Calice Noir mit der Einwirkung des Reiters schlechte Erfahrung gemacht hatte, zeigte sich dabei immer mal wieder. Obwohl ihre Reiterin ruhig saß und sie mit dem Zügel in keine Form zwängte, hob Calice Noir sich anfangs immer mal heraus, drängelte nach innen oder außen oder versuchte, die Zügel etwas aus der Hand zu ziehen. Sie schien die Befürchtung zu haben, dass ihr der Zügel wehtun würde und/oder sie in eine bestimmte Form zwängen wollte.

Ihre Reiterin saß in solchen Situationen ganz entspannt und versuchte, ruhig und etwas vorwärts mit ganz weicher, aber nicht starrer oder unruhiger Hand geradeaus zu reiten. Als Calice Noir merkte, dass sie ungestört weiter gehen konnte, ohne dass ihre Reiterin sie dabei behinderte, entspannte sie sich wieder und trabte ruhig vorwärts. Dadurch wurde eine gleichmäßige Verbindung zu beiden Zügeln wiederhergestellt und durch leichtes Nachtreiben bei ruhigem, tiefem Reitersitz wurde ein leichtes, altersgemäßes Nachgeben im Genick mit der Stirn-Nasenlinie vor der Senkrechten erreicht. Dann trabte Calice Noirs Besitzerin sofort leicht und ließ die Zügel aus der Hand kauen.

Danach parierte sie durch zum Schritt, machte eine Pause mit hingegebenem Zügel und wiederholte dann das Entwickeln von wenigen Trabtritten in Gebrauchshaltung. Nachdem sie es auf jeder Hand ungefähr drei Mal wiederholt hatte, trabte sie noch zwei Runden in Dehnungshaltung im Leichttraben und beendete dann die Stunde.

In diesem Zeitraum veränderte sich Calice Noirs Verhalten unter dem Reiter immer mehr. Geschah etwas Ungewöhnliches, zum Beispiel, dass sie ein lautes Geräusch von draußen hörte, so nahm sie dies jetzt viel gelassener hin und sie ließ sich von ihrer Reiterin schnell beruhigen. Sie schien ihren Reiter nicht mehr als das Raubtier auf dem Rücken wahrzunehmen, sondern als jemanden, der ihr Ruhe und Sicherheit gab.

Früher wurde sie bei allem, was unerwartet kam, äußerst angespannt. Durch das Vertrauen zum Reiter wurde Calice Noir auch kontrollierbarer. Eilte sie früher bei jeder kleinen Bewegung des Reiters weg und ließ sich nur sehr schwer wieder zurücknehmen und beruhigen, so reichte jetzt oft eine kleine Hilfe dafür. Erschrak Calice Noir nun beim Reiten mit Anlehnung in der Tiefe zum Beispiel vor Geräuschen außerhalb der Reithalle und nahm sie dabei den Kopf hoch und wurde etwas schneller, so kam sie sofort wieder im Tempo zurück, wenn der Reiter nur andeutete, die Zügel nachzufassen. Dabei arbeiteten wir weiterhin viel mit Lob.

Dadurch, dass sie jetzt zwanglos unter dem Reiter ging, wurde auch Calice Noirs ausgeprägte Schiefe besser. Durch das Festhalten der Muskulatur war Calice Noir zu Anfang der Ausbildung bei ihrer jetzigen Besitzerin häufig sehr schief und wurde daraus auch fest im Rücken und ging sehr angespannt. Dies hatte sich durch das zwanglose Reiten und das Reiten mit Anlehnung in der Tiefe auf der Geraden deutlich gebessert.

Nachdem die ersten Tritte in Gebrauchshaltung gut geklappt hatten, forderten wir diese nicht jedes Mal beim Reiten. Wir mussten die Hergabe des Rückens durch das Reiten mit Anlehnung in der Tiefe noch weiter festigen. Hätten wir das nicht getan, so würde gerade ein zu Verspannungen neigendes Pferd wie Calice Noir anfangen, sich im Rücken festzuhalten.

Vielmehr übten wir weiterhin vor allem das Reiten mit Anlehnung in der Tiefe, das Aussitzen und die Entwicklung des Arbeitstrabes in der Dehnungshaltung. Auch ritten wir dabei jetzt immer wieder mal eine lange Seite auf dem zweiten Hufschlag, um Calice Noir noch besser an den Reitersitz zu bekommen. Auch das Reiten in Dehnungshaltung mit einhändiger Zügelführung übten wir jetzt regelmäßig.

Das Reiten mit Anlehnung in der Tiefe klappte zu diesem Zeitpunkt immer sicherer. Vorher hatte Calice Noir sich zwar auch schon sicher in die Tiefe gedehnt, dabei war aber die Anlehnung oft zu lose gewesen. Dies beruhte höchstwahrscheinlich auf ihren negativen Vorerfahrungen mit der Reiterhand beim Anreiten.

Bis zu diesem Zeitpunkt waren wir Calice Noir immer im ruhigeren Arbeitstrab geritten, bis sie sich sicher treiben ließ. Als dies gefestigt war und wir schon von Beginn an der Stunde auf der ganzen Bahn in die Tiefe reiten konnten, versuchten wir, dabei allmählich etwas mehr vorwärts zu denken. So entwickelte sich allmählich der schwunghafte Arbeitstrab. Das hatte den Vorteil, dass die Hinterhand gestärkt wurde und die Anlehnung durch die aktive Hinterhand konstanter wurde. Allerdings mussten wir dabei immer aufpassen, dass der Takt nicht eiliger wurde, sondern dass die Tritte nur länger wurden als im ruhigen Arbeitstrab.

In der Gebrauchshaltung neigte Calice Noir wie anfangs in der Dehnungshaltung dazu, nicht ausreichend an den Zügel heranzutreten. Sie ging dann immer mal wieder mit zu kurzem, runden Hals und der Stirn-Nasenlinie in, statt leicht vor, der Senkrechten. Dabei hingen die Zügel häufig durch. Auch wenn Calice Noir dabei mit der Stirn-Nasenlinie nicht hinter der Senkrechten ging, so war sie doch nicht reell am Zügel.

Dass Calice Noir sich in solchen Situationen festhielt, war auch an der Muskulatur zu erkennen. Sie spannte dann trotz scheinbar runder Oberlinie den Unterhals an.

Ihre Besitzerin versuchte, das Antraben aus dem Schritt behutsam zu entwickeln, um eine Verspannung durch eine zu hohe plötzliche Anforderung an die Schubkraft der Hinterhand zu vermeiden. Dabei achtete sie darauf, den Schritt vorher nicht eilig werden zu lassen.

Da Calice Noir anfangs dazu neigte, beim Nachfassen der Zügel im Schritt eiliger zu werden, übten wir auch immer mal wieder das Aufnehmen der Zügel, ohne daraus anzutraben. Ihre Reiterin nahm vielmehr den Zügel im Schritt etwas auf, ohne Genickbiegung zu verlangen und ließ Calice Noir dabei mit der Stirn-Nasenlinie deutlich vor der Senkrechten. Hatte sie den Zügel aufgenommen, sodass sie hätte antraben können, so gab sie den Zügel stattdessen wieder ganz hin und blieb im Schritt. Calice Noir sollte dadurch gelassener beim Verkürzen des Zügels im Schritt bleiben.

Trabte ihre Besitzerin Calice Noir an, so achtete sie nicht nur auf einen allmählichen Übergang in den Trab, sondern auch auf das Geraderichten und darauf, dass Calice Noir den Hufschlag, auf dem sie sich befand, nicht verließ. Im Trab saß Calice Noirs Besitzerin aus und achtete zu diesem Zeitpunkt nicht darauf, dass Calice Noir im Genick nachgab, sondern dass sie die Nase leicht vor der Senkrechten behielt. Dazu ritt sie tendenziell leicht vorwärts und versuchte durch leichtes Nachgeben beider Hände, Calice Noir dem nachgebenden Zügel mit der Nase nach vorne folgen zu lassen, so, als wären die Zügel zwei Stäbe, mit denen sie Calice Noirs Nase vorschieben wollte.

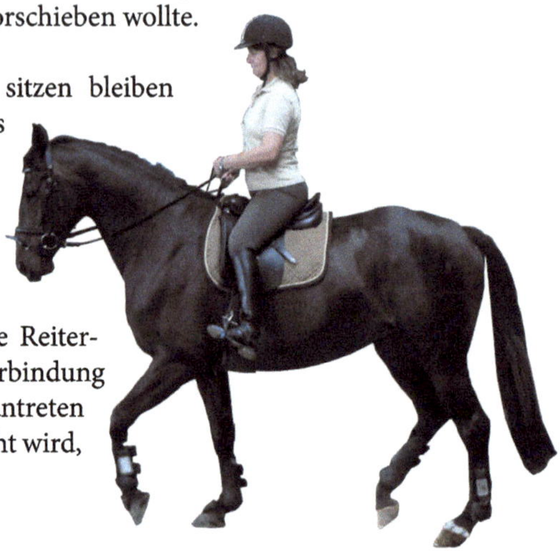

Hier richtet sich das junge Pferd zu stark auf. Das Genick ist zwar der höchste Punkt und die Stirn-Nasenlinie nicht hinter der Senkrechten, sie müsste aber deutlicher vor die Senkrechte und der Hals sich auch in der Aufrichtung mehr dehnen. Das Pferd befindet sich nicht mehr vor den Hilfen des Reiters, der Unterhals ist angespannt und der Rücken hängt durch.

Dabei musste die Reiterin aufrecht im Sattel sitzen bleiben und weitertreiben, da Calice Noir sonst durch das Nachgeben dazu neigte, mit dem Genick nach unten abzutauchen und etwas langsamer zu traben. Außerdem musste sie sie immer mal wieder mit halben Paraden abfangen, um den Takt zu regulieren. Es erfordert also neben viel Geduld viel Gefühl, einem Pferd, welches das Vertrauen in die Reiterhand verloren hat, nahezubringen, dass die Zügelverbindung nichts Unangenehmes ist und dass es an diese herantreten darf, ohne dass das Vertrauen des Pferdes missbraucht wird, in dem es überzäumt wird.

Calice Noir neigte dazu, sich zu stark aufzurichten. Dabei geriet sie mit der Stirn-Nasenlinie zwar nicht hinter die Senkrechte und ihr Genick war der höchste Punkt, aber der Hals ging zu steil aus dem Widerrist hervor und sie drückte den Rücken weg. Sie war dann nicht mehr vor den Hilfen ihrer Reiterin oder eilte davon.

Wenn die Aufrichtung nicht mehr gemäß der Aktivität der Hinterhand und nicht mehr losgelassen, also nicht relativ war, dann ritten wir Calice Noir in den ersten Monaten sofort wieder in die Tiefe. Das führte dazu, dass sie jede Anspannung aufgab und den Rücken wieder hergab.

Später, als sie schon sicherer in Gebrauchshaltung ging, so korrigierten wir die zu hohe Aufrichtung weiterhin vor allem, aber nicht mehr nur, durch Reiten in die Tiefe. Richtete Calice Noir sich zu stark auf und trat sie dabei nicht ausreichend an die Reiterhand heran, so trieb ihre Besitzerin sie im Trab in Gebrauchshaltung leicht vorwärts, ohne aber eilig zu werden und/oder den Takt zu verlieren. Das ruhige Vorwärts sorgte für die Wiederherstellung des Arbeitstrabes. Dadurch entspannte Calice Noir sich wieder und gab den Rücken wieder her. Dieses Loslassen der Muskulatur führte zu einem Herandehnen an die Reiterhand bei etwas längerem, aber nicht mehr zu hohem Hals.

Wenn Calice Noir sich so wieder korrekt an die Reiterhand heranstreckte, so nahm sie ihre Reiterin auch wieder in die Bewegung mit. Hielt Calice Noir sich aufgrund ihrer schlechten Vorerfahrungen und ihres Sattelzwanges bei dem leichten vermehrten Vorwärtsreiten weiterhin fest, so trabte ihre Reiterin dabei leicht. Dies half dabei, Calice Noir wieder zur Losgelassenheit zu bringen und eine korrekte relative Aufrichtung zu erhalten. Danach wurden die Zügel aus der Hand kauen gelassen. Bei Pferden mit sehr schwachen oder festen Rücken kann das Leichttraben auch in Aufrichtung kurzfristig sinnvoll sein.

Immer wieder gab es natürlich auch Rückschritte in der Ausbildung. So gab es Tage, an denen Calice Noir immer mal wieder wegeilte oder den Rücken nicht hergab. Solche Tage führten immer wieder dazu, dass wir unseren Ausbildungsweg kritisch hinterfragten. Wir wollten auf jeden Fall Fehler in der Grundausbildung vermeiden und nahmen uns an solchen Tagen vor, in den nächsten Wochen wieder einen Schritt zurückzugehen und die Losgelassenheit und das Reiten mit Anlehnung in der Tiefe noch mehr zu festigen. Dieses Konzept erwies sich als richtig.

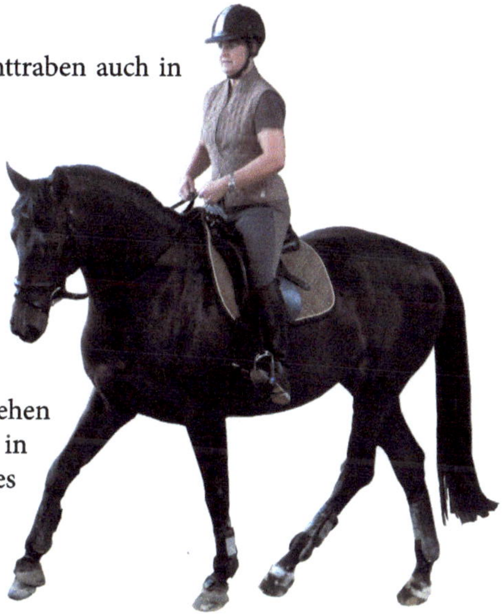

Hier geht das Pferd mit leichter Anlehnung, ohne aber falsch, also zu stark, zusammengestellt zu sein. Das Schwingen des Pferdes über den Rücken ohne Verlust der Zwanglosigkeit führt dazu, dass der Reiter aufrecht, aber losgelassen sitzen kann.

Es gab aber auch Tage, an denen Calice Noir dann in der nächsten Trainingseinheit ging, als hätten nie Probleme bestanden. Sie ließ sofort den Hals fallen, trat in der Tiefe an die Hand heran und ließ sich nach dem Lösen dann auch mit Anlehnung in der Tiefe sehr gut aussitzen. Gelang dies alles gut, so ritten wir dann doch einige Tritte in Gebrauchshaltung, auch wenn wir es uns vorher anders vorgenommen hatten. Aufgrund der guten Lösungsphase gelang dies dann auch zufriedenstellend.

Es geht also immer darum, einerseits ein sinnvolles Trainingskonzept auszuarbeiten, andererseits aber dieses immer individuell dem Pferd und auch dem Reiter anzupassen. Dabei dürfen wir aber nicht den Weg der klassischen Reitausbildung verlassen und unsere eigene Reitlehre erfinden. Denn dies haben schon deutlich erfahrenere Reiter vor uns versucht und es sind immer Irrwege geworden. Wir sollten uns vielmehr darauf konzentrieren, die klassische Reitlehre zu lehren, sie zu erhalten und die Möglichkeit zu nutzen, diese mit den heutigen Erkenntnissen über eine artgerechte Pferdehaltung zu kombinieren. Nie zuvor hatten wir in der Geschichte des Reitsports so wie heutzutage die Möglichkeiten, Pferde artgerecht zu halten und, besonders als Freizeitreiter, die nicht unter Zeitdruck stehen, Pferde naturgemäß klassisch auszubilden und beides nutzbringend und zur Freude von Mensch und Pferd positiv zu verbinden. Die artgerechte Haltung im Offenstall begünstigt unter anderem die Zwanglosigkeit und Losgelassenheit unter dem Reiter und die artgerechte Haltung sorgt zusammen mit der klassischen Ausbildung für die Gesunderhaltung unserer Pferde.

Natürlich ritten wir anfangs nur wenige Tritte in Gebrauchshaltung. Dazu musste auch Calice Noirs Besitzerin sich umstellen. In den Monaten vorher ging es nur darum, Calice Noir nicht zu stören. Das führte dazu, dass sich kleine Fehler beim Reiter einschlichen. Dadurch, dass Calice Noir anfangs unter ihrer Reiterin wegeilte, hatte diese sich angewöhnt, ihre Schenkel etwas weit nach vorne zu nehmen. Außerdem neigte sie durch das anfangs notwendige Reiten im Entlastungssitz dazu, jetzt nicht aufrecht und mit zu wenig Körperspannung zu sitzen. Dies war aber dringend notwendig, um vorsichtig, aber korrekt mit Kreuz und Schenkel einwirken zu können und Calice Noir so an die Hilfen stellen und in Gebrauchshaltung reiten zu können.

Calice Noirs Reiterin war am Anfang der Ausbildung extrem vorsichtig, um nur nichts falsch zu machen. Sie verhielt sich passiv und abwartend, um das Pferd nicht zu stören. Dies war auch richtig so. Im Laufe der weiteren Ausbildung neigte Calice Noir eine Zeit lang dazu, mit ganz kurzem Hals und weggedrücktem Rücken deutlich über dem Zügel zu gehen, sich dabei im Genick extrem zu versteifen und alle Hilfen ignorierend im Trab einfach wegzueilen. An ein Dehnen in die Tiefe war so nicht zu denken.

Bei einem angerittenen Pferd hätte man durch Abwarten und Beruhigen versucht, das Pferd zur Ruhe zu bringen. Dies versuchten wir auch, mit dem Erfolg, dass Calice Noir trotzdem schneller und unruhiger wurde und deutlich gegen den Zügel ging, um ihrer Reiterin die Hand zu nehmen.

Aus Angst, etwas falsch zu machen, ließ Calice Noirs Besitzerin sie vorher in solchen Situationen gewähren, wenn ich nicht dabei war, und verhielt sich passiv. Dies führte dazu, dass Calice Noir immer fester wurde und den Rücken wegdrückte. Außerdem wurde sie dadurch sehr unkontrolliert, sodass es für den Reiter gefährlich wurde.

Ich wies Calice Noirs Besitzerin nun an, in solchen Situationen einzuwirken und so das deutliche über und gegen den Zügel gehen bei unkontrolliertem Wegrennen zu verhindern. Bei einem angerittenen Pferd hätte man nur passiv gesessen, vielleicht ein Führpferd eingesetzt, und abgewartet. Aber da bei Calice Noir Fehler beim Anreiten geschehen waren, hatten wir es hier mit einem Korrekturpferd zu tun und deswegen mussten wir leider von der üblichen Vorgehensweise bei einem angerittenen Pferd zu diesem Zeitpunkt kurzfristig etwas abweichen.

Dazu war es wichtig, nicht im Entlastungssitz zu reiten, da so nur eine geringe Einwirkung möglich war.

Um zu verhindern, dass Calice Noir so deutlich gegen den Zügel ging, nahm ihre Reiterin im Schritt vorsichtig die Zügel auf, ohne auf die Kopf- oder Halshaltung einzuwirken. Kurz bevor die Zügel so kurz waren, dass das Pferd im Genick nachgab, trabte Calice Noirs Reiterin an. Würde sie das junge Pferd im Schritt durchs Genick reiten, so würde sie den Takt des Schritts stören, da es so einem jungen Pferd noch an Hinterhandaktivität fehlt. Im Trab saß Calice Noirs Reiterin aus und ritt ruhig und im Takt, aber energisch, vorwärts. Durch diese Entwicklung der Schubkraft im Trab bei korrektem Reitersitz sollte Calice Noir nun im Genick nachgeben. Calice Noir reagierte auf das Einwirken ihrer Besitzerin beim ersten Mal mit drei unwilligen Bocksprüngen. Ihr hatte es gut gefallen, dass sie aus dem gut gemeinten, vorsichtigen Einwirken ihrer Besitzerin, Tempo und Art des Gehens allmählich selbst hatte bestimmen können und sie sah nicht ein, warum das jetzt auf einmal anders werden sollte. Nach diesen Bocksprüngen verstand Calice Noir aber, dass es doch viel angenehmer und leichter war, sich zu bemühen, den Anweisungen ihrer Reiterin zu folgen. Reagierte Calice Noir auf die Einwirkungen ihrer Besitzerin und gab sie im Genick nach, so gab ihre Reiterin sofort nach und ließ nach einigen Trabtritten die Zügel aus der Hand kauen. Calice Noir fasste dies richtigerweise als angenehme Belohnung auf und sie begann wieder, sich von sich aus in die Tiefe zu dehnen und dies mit lockerem Genick.

Möglich war diese Vorgehensweise nur, da Calice Noir durch die Arbeit der letzten Monate Vertrauen zur Reiterhand aufgebaut hatte und nicht mehr hinter dem Zügel ging. Ansonsten hätte sie zu diesem Zeitpunkt durch die Einwirkung ihrer Besitzerin wahrscheinlich mit einem Aufrollen des Halses reagiert und wäre in unvermindertem Tempo weitergeeilt, ohne dass der Reiter noch eine Möglichkeit der Beeinflussung gehabt hätte. Dann wäre die einzige Korrekturmöglichkeit gewesen, noch einmal ganz von vorne zu beginnen und das Pferd erst einmal in den nächsten Monaten nur an der Longe zu arbeiten, bis Takt, Losgelassenheit, Anlehnung in der Tiefe und Gleichgewicht erst einmal ohne Reiter gefestigt worden wären. Natürlich wäre dieser Weg aber auch bei Calice Noir zu diesem Zeitpunkt ebenfalls sinnvoll gewesen.

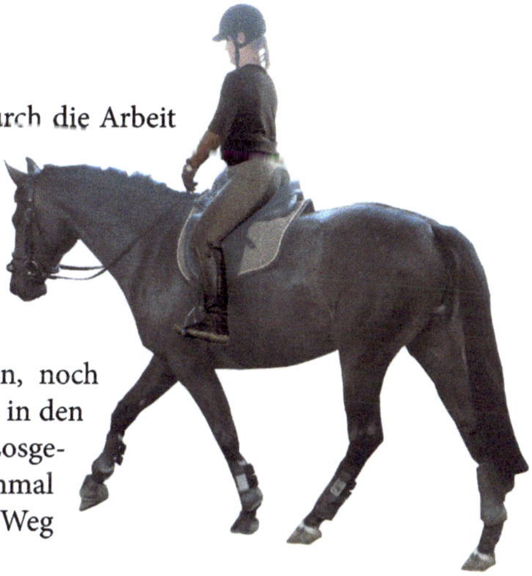

Korrekte Aufrichtung des jungen Pferdes. Durch leichtes Vortreiben bei Beibehaltung der Zwanglosigkeit geht das junge Pferd ruhig vorwärts. Das Pferd dehnt sich an die Reiterhand heran, die Hinterhand ist genauso aktiv wie die Vorhand und das Pferd spannt sich nirgends an. Zu beachten ist auch die korrekte Schweißbildung, nämlich fast nur zwischen den Hinterbeinen und nicht aus Aufregung und/oder Überforderung weißschaumig am Hals, wie man es leider gerade bei Sportpferden häufig sieht.

Immer wieder arbeiteten wir auch vorrangig am Reitersitz. Ein guter Reitunterricht sollte auch beim fortgeschrittenen Reiter nicht nur darauf abzielen, wie das Pferd geht, sondern immer besonders Sitz, Einwirkung und Gefühl des Reiters verbessern.

Als nach einigen Wochen das Reiten in Gebrauchshaltung für einige Tritte sicher klappte, gingen wir dabei auch ganz kurz in die einhändige Zügelführung über. Die Schwierigkeit dabei war, Calice Noir vorher so gut an den Sitz zu bekommen, dass sie mit der einhändigen Zügelführung nicht die Linie verlor. Umgekehrt war dies aber auch eine gute Übung für ihre Reiterin, weil diese so spürte, dass sie Calice Noir auch mit beidhändiger Zügelführung noch mehr über ihren Sitz reiten und wenden sollte. Von Vorteil war die einhändige Zügelführung für Calice Noir auch, weil diese immer noch weicher ist als die Führung mit beiden Händen. Calice Noir traute sich so noch eher, an die Zügel heranzutreten und Verbindung zur Reiterhand aufzunehmen. Die Aufrichtung behielten wir nur für ungefähr vier Tritte durch, bevor wir die Zügel aus der Hand kauen ließen. Natürlich gelang dies nicht jedes Mal gleich gut. Aber es zeigte uns, dass wir auf dem richtigen Weg waren, aus Calice Noir ein vertrauensvolles, leichttrittiges und möglichst zügelunabhängiges Reitpferd zu machen.

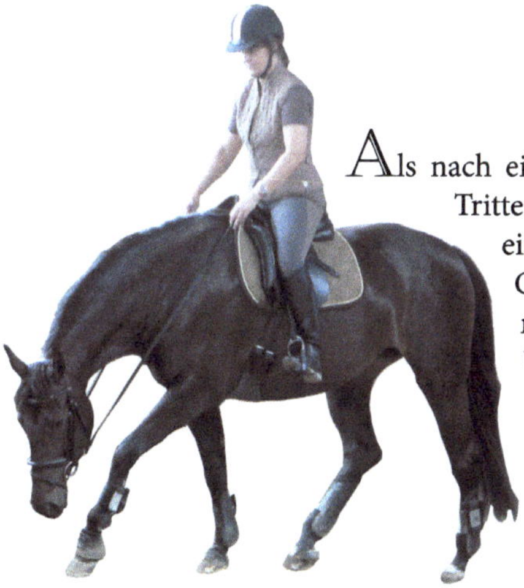

Und immer wieder steht das Reiten in die Tiefe und in der Tiefe auf dem Ausbildungsplan. Bedingt durch die fortgeschrittene Ausbildung geht das Pferd hier in der Tiefe schon raumgreifender und mit verbesserter Anlehnung als zu Beginn der Ausbildung.

Literatur

Bürkner, Felix: Ein Reiterleben, Hildesheim, New York: Olms Presse 1979.

Von Dreyhausen, Oberstleutnant a. D.: Reitwissenschaftliche Vorträge gehalten an der Kavallerie-Schule Hannover, Hannover: Selbstverlag der Kvallerie- Schule 1931.

Glahn, Erich: Die klassische Reitkunst und wir, Ein Vortrag gehalten in Hamburg, am 24.April 1956, auf Einladung des Vereinigten Norddeutschen und Flottbeker Reitervereins e.V. und des Vereins zur Förderung des Dressurreitens e.V., 1956.

Glahn, Oberleutnant Erich: In der Reitbahn, Druck und Verlag von Gerhard Stalling, Verlag des Deutschen Offizierblatts, 1914.

Von Haugk, Siegfried: Das Reiter- ABC, Hannover: Verlag M. & H. Schaper 1949.

Von Haugk, Oberst: Von einem alten Reiter, Die Bearbeitung junger Pferde mit der Trense, Neu herausgegeben von Oberst v. Haugk, Wiesbaden: Kesselringsche Verlagsbuchhandlung 1944.

Heck, Holger: Droge Pferd Band 2, S. 17-19, 1987, L.B. Ahnert – Verlag

Von Heydebreck, Hans: Die Deutsche Dressurprüfung; Das Gebrauchspferd, Hildesheim, Zürich, New York: Olms Presse 2001.

Von Heydebreck, Hans: Reitlehrer und Reiter, Eine Anleitung nach den Grundsätzen der Deutschen Reitvorschrift,Warendorf: Fn-Verlag 1987.

Von Krane, Friedrich: Anleitung zur Ausbildung der Kavallerie-Remonten,Hildesheim, Zürich, New York: Olms Presse 1983.

Mossdorf, Carl Friedrich: Kavallerieschule Hannover, Warendorf: Fn-Verlag 1986.

Von Neindorff, Egon: Die reine Lehre der klassischen Reitkunst, Brunsbek: Cadmos Verlag 2005.

Podhajsky, Alois: Die klassische Reitkunst, Stuttgart: Kosmos Verlag, 1998.

Von Redwitz, Max Freiherr, Kgl. bayer. Generalmajor: Die deutsche Reitvorschrift 1912 im Lichte der Reitkunst, Erstes Heft: Die Seitengänge, Nachdruck der Auflage 1914, Aachen: Georgi Druck 1987.

Von Redwitz, Max: Die deutsche Reitvorschrift 1912 im Lichte der Reitkunst, Heft 3, Die Grundsätze der Dressur, Berlin: Ernst Siegfried Mittler und Sohn Königliche Hofbuchhandlung 1914.

Rieskamp, Bianca: Ausbildung junger Pferde, Warendorf: FN-Verlag 2008.

Seunig, Waldemar: Am Pulsschlag der Reitkunst, Heidenheim: Erich Hoffmann Verlag 1961.

Seunig, Waldemar: Von der Koppel bis zur Kapriole, Hildesheim, Zürich, New York: Georg Olms Verlag 2007.

Seunig, Waldemar: Meister der Reitkunst und ihre Wege, Heidenheim: Erich Hoffmann Verlag 1960.

Seunig, Waldemar: Meister der Reitkunst und ihre Wege, Neubearbeitet und erweitert von Guido Savy de Lerville, Berlin, Hamburg: Verlag Paul Parey 1981.

Seunig, Waldemar: Reitlehre von heute, Berlin, Hamburg: Verlag Paul Parey 1978

Voigt, Rittmeister: Das Gebrauchspferd, Vortrag gehalten gelegentlich der Besprechung des „Deutschen Turnier-Richterverbandes“ an der Kavallerie- Schule Hannover am 20. Juni 1932.

Wätjen, Richard: Reitkunst in Wort und Bild, Verden/ Aller: Kornett Verlag 1953.

Walzer, Julius: Anleitung zur Dressur und Ausbildung des Pferdes, Berlin: Reichsverband für Zucht und Prüfung Deutschen Warmblutes 1923.

H.Dv.12, Reitvorschrift vom 29.Juni 1912, Ausgabe von 1926, Berlin: Verlag E. S. Mittler und Sohn 1932.

H.Dv. 12, Reitvorschrift vom 18.08.1937, Hamburg: Verlag E. S. Mittler und Sohn 1937.

Rieskamp, Bianca; Schwabl von Gordon, Gert: Die klassische Reitlehre in der Praxis gemäß der H.Dv. 12, Hildesheim, Olms 2011.

Pferde Heute, Lars Gehrmann, Rote Karte im Turniersport?, August 1984, Symposion Verlag, Stuttgart

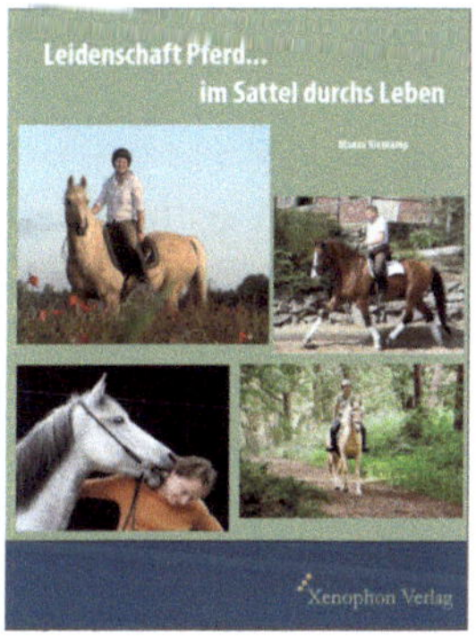

ISBN:
978-3-9808134-5-7

„Leidenschaft Pferd...im Sattel durchs Leben"

Dieses Buch berührt das Herz eines jeden Pferdefreundes und spricht aus, was wir Pferdemenschen beim Umgang mit dem Pferd empfinden und was die Beschäftigung mit dem Pferd so einzigartig macht. Es erklärt, warum uns unsere Leidenschaft für das Pferd so glücklich machen kann, warum wir positiv durch den Umgang mit dem Pferd beeinflusst werden, wie dadurch Ressourcen aufgebaut werden und warum wir häufig Flow-Effekte dabei erleben.

Zu jedem Thema sind zusätzlich zahlreiche selbst erlebte Anekdoten und Geschichten von Pferdebesitzern, Reitern und Züchtern aufgeführt. Die Fotos sollen zeigen, wie schön das Reiten und die Beschäftigung mit dem Pferd sein kann. Sie zeigen Situationen, die jeder Reiter schon erlebt hat oder wovon viele Reiter träumen, zum Beispiel ein Galopp in der Abendsonne auf dem Stoppelfeld, ein Ritt am Meer oder ein versammelter Galopp, der von Leichtigkeit und Harmonie geprägt ist.

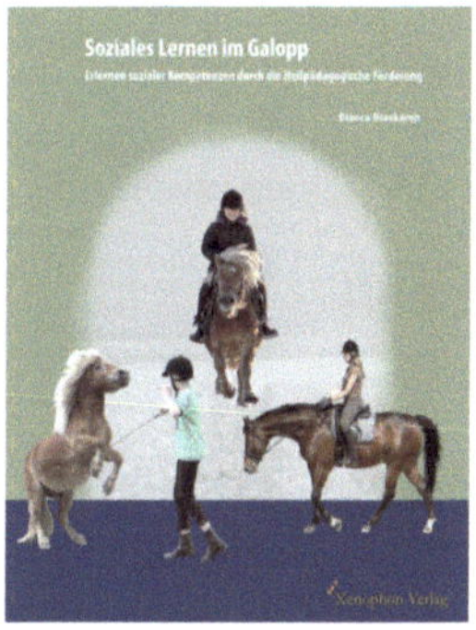

ISBN:
978-3-9808134-8-8

„Soziales Lernen im Galopp"

Die heilsame Wirkung der Pferde

Dieses Buch handelt vom Erlernen sozialer Kompetenzen durch die Heilpädagogische Förderung mit dem Pferd. Dabei wird die Beschäftigung mit dem Pferd aus ganzheitlicher Sichtweise betrachtet. Es wird erklärt, welche Kompetenzen Kinder bewusst durch die Heilpädagogische Förderung mit dem Pferd erwerben und welche Fertigkeiten sozusagen nebenbei bei der Beschäftigung mit dem Pferd erlernt werden. Außerdem wird darauf eingegangen, wie Resilienzfaktoren im Umgang mit dem Pferd aufgebaut werden können. Ergänzend zum Thema werden viele Fallbeispiele aus der Praxis geschildert.

Dem modernen, ganzheitlichen Reitunterricht ist ebenfalls ein Teil dieses Buches gewidmet, denn qualifizierter Unterricht ist für den Reitsport wie auch für die Heilpädagogische Förderung mit dem Pferd das A und O. Es wird zusätzlich darauf eingangen, wie Methoden aus der Heilpädagogischen Förderung mit dem Pferd den klassischen Reitunterricht sinnvoll bereichern können.

Der dritte Schwerpunkt des Buches befasst sich mit der Heilpädagogischen Förderung mit dem Pferd bei traumatisierten Kinder, da diese Zielgruppe einen immer größeren Anteil in der Heilpädagogischen Förderung mit dem Pferd ausmacht. Das Buch wendet sich an Ausbilder(-innen) in der Heilpädagogischen Förderung mit dem Pferd ebenso wie an Amateurausbilder in der Basisausbildung des Reitsports.

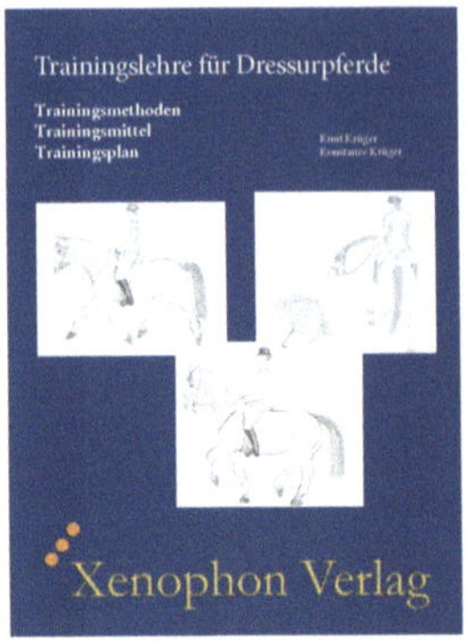

ISBN:
978-3-9808134-1-9

Dressurtraining: Hintergründe und Tipps

Jeder Reiter, ob Turnierreiter oder Breitensportler möchte ein rittiges, gelöstes und leistungsbereites Pferd, wenn er sich in den Sattel setzt. Dies hängt in erster Linie vom Verständnis des Reiters für Training und Trainingsmethoden ab und kann effektiv durch Kenntnisse von der Physiologie und der Psyche des Pferdes unterstützt werden.

Dieses Buch soll helfen Pferde schonend und ausgeglichen, aber möglichst effizient zum erwünschten Trainingsziel zu begleiten.

Die Autoren:

Knut Krüger lernte bei Paul Stecken die korrekte und pferdeschonende Ausbildung von Dressurpferden. Paul Stecken legte Wert darauf, junge und auch ältere Pferde immer wieder in Dehnungshaltung zu reiten, und ältere Pferde langsam und gezielt auf die korrekte Versammlung mit Hankenbeugung in relativer Aufrichtung vorzubereiten. Knut Krügers Arbeitsbereich ist es, Pferde nach der Skala der Ausbildung gesund zu trainieren, und die Rekonvaleszenz von angeschlagenen Pferden zu berücksichtigen.

Dr. Konstanze Krüger (siehe unten) erklärt in diesem Buch anschaulich die medizinischen Hintergründe der Trainingslehre und ihre Anwendung.

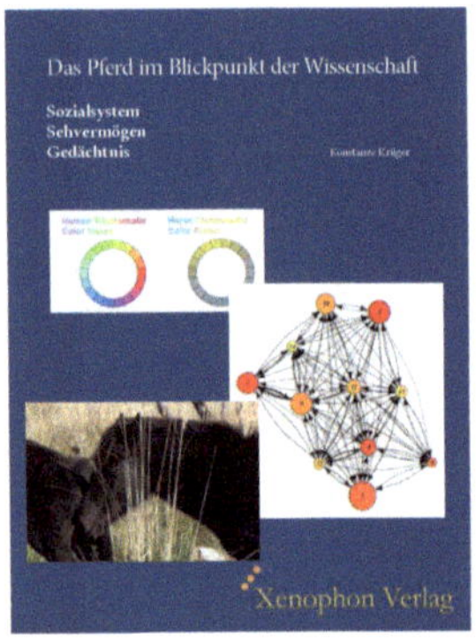

ISBN:
978-3-9808134-2-6

Das Pferd im Blickpunkt der Wissenschaft

Bereitet aktuelle Forschungsberichte verständlich und übersichtlich für den interessierten Leser auf. Es erörtert die Relevanz der Forschung für die praktische Anwendung und bietet gezielte, praktische Tipps.

Diese Ausgabe beschäftigt sich mit dem Sozialleben und verschiedenen sensorischen sowie geistigen Fähigkeiten der Pferde. Die Lektüre der Kapitel hilft Ihnen Ihr Pferd besser zu verstehen, seine Reaktionen einzuschätzen und „Problemchen" im täglichen Miteinander zwischen Mensch und Pferd, sowie in der Haltung Ihres Schützlings zu vermeiden.

Die Autorin dieser Ausgabe, Konstanze Krüger, ist Professorin für Pferdhaltung and der Hochschule für Wirtschaft und Umwelt Nürtingen-Geislingen und Privatdozentin and am Lehrstuhl für Zoologie der Universität Regensburg.

Sie hat sich auf die Erforschung der geistigen Fähigkeiten und insbesondere auf die Erforschung des sozialen Lernens der Pferde voneinander spezialisiert, und steht im regen Kontakt mit den führenden Forschern des Fachgebietes weltweit.